TOSTÃO E O FANTÁSTICO MUNDO GLOBALIZADO

VICTOR ASSIS GOMES

TOSTÃO E O FANTÁSTICO MUNDO GLOBALIZADO

Primeira edição, 2021

Dados Internacionais de Catalogação na Publicação (CIP)
(Câmara Brasileira do Livro, SP, Brasil)

Gomes, Victor Assis
Tostão e o fantástico mundo globalizado / Victor Assis Gomes. -- 1. ed. -- Aracaju, SE : Ed. do Autor, 2021.

ISBN 978-65-00-20178-9

1. Economia 2. Educação financeira 3. Empreendedorismo 4. Finanças pessoais 5. Investimentos I. Título.

21-61226 CDD-332.6

Índices para catálogo sistemático:

1. Educação financeira : Economia 332.6

Aline Graziele Benitez - Bibliotecária - CRB-1/3129

Este é um projeto apoiado pelo Edital de Premiação de Artes Visuais e Literatura, proposto pelo Governo de Sergipe, através da Fundação de Cultura e Arte Aperipê de Sergipe – FUNCAP, com recursos da Lei Aldir Blanc

Dedico esse livro a todos os curiosos do mundo. Dedico esse livro especialmente para os pais e as crianças. Espero que essa leitura os faça viver uma vida mais rica e um futuro próspero.

Índice

Introdução

Afinal, quem é Tostão? Essa é a pergunta que cada pessoa que leu esse livro deve ter feito em algum momento da leitura. Tostão não foi pensado como um personagem de uma certa idade, de determinado gênero, e nem de uma determinada cultura ou religião. Tostão é, para mim, um filho. Desde muito cedo tive o sonho de escrever um livro e, ainda criança, busquei ter diversos tipos de descobertas que foram me levando até esse momento.

Esse livro vem de uma provocação. No ano de 2020, com toda uma transformação da forma de trabalho, de repente me vi com mais tempo para dedicar a projetos pessoais e profissionais. Esse projeto especial encontrou a oportunidade perfeita para acontecer quando a FUNDAÇÃO DE CULTURA E ARTE APERIPÊ DE SERGIPE – FUNCAP/SE lançou o EDITAL DE PREMIAÇÃO DE ARTES VISUAIS E LITERATURA Nº 05/2020, no qual fui um dos selecionados e assim poder criar meus personagens e aventuras com o afinco de um adulto e a imaginação de uma criança.

A educação financeira é um tema que se aproxima dos dez anos de um de seus marcos no Brasil. A Estratégia Nacional de Educação Financeira – ENEF, representada no Decreto nº 7.397, de 22 de dezembro de 2010, estabeleceu como finalidade promover a educação financeira e previdenciária e contribuir para o fortalecimento da cidadania, a eficiência e solidez do sistema financeiro nacional e a tomada de decisões conscientes por parte dos consumidores. Assim, percebemos o quando esse tema é fundamental para o desenvolvimento econômico, o entendimento de nossa sociedade e para a formação de atitudes empreendedoras nos indivíduos.

Pensando num público prioritariamente infantojuvenil, esse trabalho objetiva apresentar, na forma de uma coleção de contos e aventuras do protagonista Tostão, um personagem atemporal que acompanha o tempo e o desenvolvimento da sociedade, materiais para o entendimento da evolução da economia e compreensão da moderna dinâmica social que encontramos no mundo globalizado dos dias atuais.

Como um livro de literatura infantojuvenil, essa obra gira em torno de diversos personagens com nomes caricatos, simbolizando o tema central de suas histórias. Tostão, como um pequeno punhado de dinheiro, simboliza o filho de Dinheiro, personagem que compõe a figura paterna do anterior. Todos personagens são diferentes versões de um mesmo personagem, conhecedor e entendido das matérias de economia, mercado, dinheiro e sociedade. Tostão, como o principal personagem da trama, simboliza a curiosidade.

Tostão é um herói não apenas cheio de curiosidade, mas um herói por um motivo curioso. A curiosidade varia de pessoa para pessoa, e também em relação à idade de uma mesma pessoa, nem sempre numa trajetória de crescimento. Tostão, ao despertar a curiosidade sobre as coisas do seu dia a dia, ajuda a manter viva a busca por respostas nos demais personagens. Esses personagens, muitas vezes, não aplicam nem replicam todo seu conhecimento, a não ser quando provocados pelo sempre presente Tostão.

Todos os demais personagens, embora baseados em pessoas reais, também são diferentes versões do mesmo personagem central. Todos esses personagens tem um pouco de mim, refletindo outros momentos e inspirações que já tive. Durante a vida, podemos ser diversos personagens diferentes, apesar de sermos um só. Não quero dizer que todos os diálogos sejam monólogos, muito pelo contrário: pratico tanto a discussão com meus amigos e outros estudiosos quanto converso comigo mesmo, como o fiz para escrever esse livro.

Espero que essa obra o inspire a ler mais com seus filhos, sua família, e a trazer ainda mais atenção para esse assunto não importante e que deveria ser ensinado para todos e estudado por todos, independentemente de onde você veio e de onde está.

Mercado e seu vai e vem

Certa vez me vi pensando nas peripécias do meu tio Mercado. Esse meu tio era chamado assim por que sempre estava envolvido em algum tipo negócio que envolvia uma complexidade de compras e vendas que só ele próprio podia movimentar.

Muitas vezes a dificuldade era ele mesmo que criava, e isso abalava sua vida sobremaneira até que ele pudesse ficar sóbrio novamente e retomar aquilo que sobrou após seu último “negócio da vez” dar uma reviravolta inesperada.

Não se engane, gostamos muito do tio Mercado, mas ele chega e bate na nossa porta sem avisar. Além disso, vai embora tão rápido quanto chegou, normalmente com uma notícia extremamente boa ou ruim que acabou de saber.

É por tanto gostar dele que hoje irei contar uma história da época em que era conhecido como Tostão, e ele veio nos visitar mais uma vez.

Em uma manhã chuvosa, Tostão brinca com cartas na mesa de sua casa. Gotas batem na sua janela enquanto um leve cheiro de chuva acompanha o assoprar dos ventos lá fora. Ao ver a hora passar, os sons se misturam a algumas batidas, que se perdem em meio ao ir e vir do ritmo do clima.

- Olá! Alguém em casa? - diz uma voz do lado de fora da casa.

Tostão, ao perceber a voz, vai correndo escada abaixo para encontrar a pessoa do outro lado da porta. Passando pelo corredor, já encontra seu pai, Sr. Dinheiro, falando com o irmão, que não via a longa data!

- Tio! - Exclama Tostão.

Uma breve animação toma o recinto, enquanto todos se cumprimentam e encontram um local para sentar. O tio, muito calmo e molhado, deixa pendurada a sua capa, que parece pesada. Aos poucos, ela desgrudou de seu corpo até fazer um peculiar barulho ao depositar-se no mancebo, que praticamente se desequilibrou, não fosse sua forte estrutura de madeira.

- Estou com um problema – diz o tio, enquanto pausa para tomar um gole de chá.

- O que seria, meu grande irmão Mercado? - fala o pai de Tostão.

- Lá para as terras do interior, começamos a criar codornas. Agora, eu tenho que supri-las com comida e, quase como se eu não pudesse me ausentar, elas logo querem comer novamente! Quase não pude vir vê-los hoje! - Suspira o Mercado.

- Por que não criarmos uma máquina que cuide disso? - Pergunta, curioso, Tostão.

Uma breve pausa toma o recinto, como se todos parassem para pensar.

- E de onde viria a ração, Tostão? Mesmo que eu tivesse um mecanismo que fizesse tudo de forma automática para mim, quem iria colocar? - responde, pensativo, o Mercado.

- Tio, quem tem que me dizer é você. Você sempre resolve as coisas. - responde Tostão.

- De fato. Já que isso tem valor para você, você deveria movimentar algum esforço para manter o que começou. - diz o pai de Tostão.

Ao lado da cadeira em que sentava, um jornal dobrado chama a atenção do olhar do tio Mercado, que já parece desesperado por uma solução. Dinheiro olha para seu irmão, parecendo já reconhecer como Mercado é famoso por ter ânimos muito variados, que se alteram quase de um instante para o outro.

- Desemprego em alta! Máquinas substituem o trabalho e levam à miséria na população. Como que me falam para mecanizar meu trabalho num cenário desses? - diz o tio, lendo a matéria no jornal.

- Ó Mercado, sempre muito ansioso. A Mídia lhe manipulando outra vez - deixa escapar o pai de Tostão.

Tostão para e julga silenciosamente o tio, até que o silêncio é interrompido:

- Veja, as pessoas começaram a fazer isso porque gostam de você, irmão. Desde aquele tempo de nosso pai, Sr. Necessidade, as pessoas buscam coisas para movimentar suas vidas e, no final, quem acaba tendo de resolver tudo sou eu. Com todos desempregados, quem irá comprar as codornas? - diz Mercado, olhando para Dinheiro.

- É possível que todas as pessoas fiquem sem emprego? - indaga Tostão.

Todos ficam em uma longa pausa, como que numa calmaria antes da tempestade de ideias que está por vir. Tostão sabe que, por estar emocionalmente envolvido, seu tio pode estar prestes a cometer grandes exageros em seu raciocínio. Dinheiro, por outro lado, senta em silêncio contemplando a situação, já que o tema tanto o agrada quanto atrai sua atenção de imediato. Pode ser observado que o pai de tostão sorri, e começa alegremente:

- É claro que não! Desde que o mundo é mundo, seu avô mantém o mundo inteiro em movimento. Seu tio, como um gigante invisível, cuida para que todos que participam de alguma forma no dia a dia de cada interesse das pessoas em manter seu padrão de vida. Nunca esqueça:o dinheiro precisa circular. Enquanto para uma pessoa comprar gera um gasto, para a outra esse dinheiro é sua renda – fala o Dinheiro.

- As máquinas estão aqui para nos ajudar a ser mais eficientes, não é isso? - pergunta Tostão.

- Vocês dois! Lá vou eu imitar a todos e querer estar onde meu irmão está. Seu ponto de vista, sobrinho, é totalmente válido, bem como o ponto de vista de seu pai. Na antiguidade, as pessoas tinham de fazer tudo com o próprio esforço: caçar, plantar, colher, construir, era uma grande quantidade de trabalho! Um trabalho enorme inclusive para organizar isso tudo - exclama Mercado.

- Você bem sabe disso. - comenta Dinheiro.

- Mas com a chegada dos animais, as pessoas não ficaram desempregadas? O que fizeram então? - pergunta, curioso, Tostão.

- Ficaram com mais tempo para pensar, é claro. E descansar, o que é ainda mais importante. Sedentárias, as pessoas puderam passar mais tempo com suas famílias e puderam, inclusive, ter casas maiores e com pessoas mais felizes dentro delas – fala surpreendentemente calmo Mercado.

- Sim! Assim podem dedicar mais tempo avaliando melhor se estavam tomando decisões corretas, criando as raças de animais e as sementes mais produtivas, bem como construir e aprimorar suas ferramentas – completa Tostão.

- Você, que já trabalha o dia inteiro, com certeza teria muito a ganhar com produtividade e tecnologia, não é mesmo, Mercado? - questiona Dinheiro.

- Claro que sim. Nem tudo é tecnologia, no entanto. Desde o tempo do homem das cavernas, dividimos tempo e outros recursos. Uma tribo que vive perto de um rio, pode ter uma boa vocação para pesca. Outra tribo, que vive perto de um rio e uma floresta, pode se dedicar a ambas atividades, sem se especializar muito. Ambas podem negociar entre si e, contato que um consiga fazer algo melhor que o outro, ambos podem ganhar com essa relação. E nós sempre temos algo que fazemos de melhor que outra pessoa - fala Mercado.

- Então isso só tem consequências positivas, não é, tio? - pergunta Tostão.

As pessoas mais íntimas não estranhariam de ver que o Mercado não parece convencido.

- Ouvi dizer que assim que as máquinas surgiram, logo fora necessárias as pessoas para encontrar e consertar defeitos nessas máquinas. Assim como o cuidador olha o gado, a máquina se tornou um novo problema que precisava de solução. Onde os problemas encontram soluções, há empregos. - comenta Tostão.

- Chegue mais perto e fale uma coisa para mim. Isso tudo tem um custo, não tem? - questiona o Mercado, sendo incisivo ao olhar para Dinheiro.

- Verdade, Mercado. Mas nem tudo é Dinheiro nessa vida – gargalha o pai de Tostão.

Risos inundam o ambiente por um instante, até que retomam a discussão.

- Na realidade, o custo das coisas não é só em quanto as pessoas gastam por algo, mas sim nos recursos que utilizam para isso, não é, pai? - pergunta Tostão.

- Sim, o tempo para pensar numa ferramenta, o tempo de crescimento de um animal ou planta, a duração de uma ferramenta, e muito mais coisas são várias formas de capital que vão se acumulando e nos dão produtividade – afirma Dinheiro, sabendo que Mercado concordará com sua conclusão.

- Sigo concordando com o diz, irmão. Porém vamos rever alguns detalhes. O que ocorreu com aqueles primeiros que domesticaram os animais e montaram nos cavalos ou utilizaram os bois para tração? - pergunta Mercado.

- Passaram a fazer atividades mais especializadas, como esse casaco que trouxe e ainda não secou – diz Tostão, apontando para o pertence de Mercado.

- Exatamente. E depois, quando máquinas passaram a fazer o trabalho manual que as pessoas tanto se desgastavam para fazer? - pergunta ainda mais incisivo Mercado.

- Permitiram que mais pessoas trabalhassem na educação, saúde, informação e atividades financeiras por todo o mundo, além de inúmeras outras atividades! - exclama com os braços para o alto Dinheiro, como se simbolizasse a Terra.

- Então todas essas gerações passadas estão, a cada passo dessa trajetória, vivendo melhor? - pergunta Tostão.

- Em teoria sim, meu sobrinho. Mas do homem das cavernas, ao homem industrial, aos homens de terno e gravata nos escritórios, muita coisa mudou, inclusive as dificuldades que enfrentam – afirma Mercado, parecendo ainda mais pensativo que antes.

- Como assim? Pensei que mais tempo livre levaria mais tempo para ir às lojas - pergunta Tostão, com sua atitude entusiasmada de sempre.

- O homem das cavernas precisava o tempo todo de proteção, por exemplo. Inclusive, teria de fazer ele próprio na maior parte do tempo, seja para defender a si mesmo, seja para defender a sua família. O homem industrial precisava trabalhar em ambientes muito perigosos para si, como nas grandes fábricas que tinham péssima ventilação, ou nas minas, sem ver a luz do sol – Mercado diz, ao retomar a leitura ao jornal.

- Verdade, as pessoas tentaram destruir as máquinas, de tanto que isso impedia que as pessoas, já tão especializadas em fazer algo com suas próprias mãos, não podiam competir com os resultados que as máquinas traziam aos que puderam empreender com as riquezas que tinham acumulado ao longo do tempo – recorda Dinheiro.

- Sim. Um carroceiro, por exemplo, que não pudesse ter um automóvel. Com certeza ficaria para trás. O capital deve mesmo ser essencial para se manter progredindo, não é? - comenta Tostão.

- Na vida que vivemos nos últimos séculos, vimos as pessoas mudarem cada vez mais intensamente para as cidades. Em busca de trabalho remunerado, essas pessoas faziam com que pudessem fazer mais negócios. Surgiriam novas oportunidades, e cada vez mais rápido podia-se encontrar trabalho disponível para quem estivesse disponível. No campo, as pessoas saiam de suas casas, onde antes trabalhavam para o sustento de sua própria família ou para si mesmo, e passavam a ser trabalhadores em algum novo galpão na cidade que se tornará uma nova fábrica – fala, maravilhado, Mercado.

- Nos campos, a hora trabalhada não tinha tanta produtividade. Muitas vezes, a produtividade era muito mais dependente do clima e da fertilidade da terra. Foi melhor para todos – diz Dinheiro.

- Mas você esqueceu de falar das pessoas que vivem a vida de hoje, tio. - Comenta Tostão, ansioso pela réplica.

- Hoje, as pessoas tem todos tipos de tecnologia para a comunicação e informação, podendo tomar decisões que afetam suas vidas o tempo que desejarem. Mas nem sempre podem tomar as melhores decisões para si. - fala Mercado.

Tostão já se curva para perguntar, mas é interrompido por seu pai.

- O que seu tio quer dizer é que hoje as pessoas estão com tantas informações que não conseguem decidir qual é a melhor para si, diante de tantas opções. Além disso, as pressões para ser altamente produtivo, gerar resultados extraordinários e resolver cada coisa no momento que acontecem é algo cada vez mais comum, devido a estarmos tão facilmente acessíveis por meio da tecnologia. - comenta, com um semblante de intensa seriedade, Dinheiro.

- Você vai até o banheiro, e tem água para tomar um banho. Vai até a cozinha, e tem fogo para cozinhar a comida. Com um apertar de interruptor, tem energia para ver no escuro ou ligar seus aparelhos domésticos – fala Dinheiro.

- E cada uma dessas soluções para nossos problemas geram muitos empregos, não é verdade? - pergunta, animado, Tostão.

- Não apenas o trabalho está envolvido nessas atividades, mas o planejamento, o monitoramento, a cobrança, contratação de funcionários, e muitas outras funções hoje só são possíveis por termos tanta produtividade no nosso dia a dia. - afirma Mercado, compartilhando da animação de Tostão.

- É o que permite ao seu tio propiciar oportunidades para que todos possam dedicar-se àquilo que melhor fazem, investir para multiplicar suas riquezas com o passar do tempo, e, até mesmo, pensarem em novos problemas para resolver - conclui Dinheiro, ouvindo um som peculiar vindo dos bolsos de seu irmão.

Um celular vibrava e tocava uma sirene que incomodava cada vez mais todos no recinto. Mercado logo atende, com uma energia que não demonstrava a certo tempo.

- Tenho que ir, os negócios que fizeram com as codornas parecem ter mudado completamente de direção!

Mercado faz breves gestos de despedida e sai pela mesma porta há pouco tempo entrara. Quase que imediatamente depois da saída do tio, Tostão passa seu olhar pela sala, em busca de algo novo para chamar sua atenção, até que seu pai o chama.

- Tostão, o que aprendemos hoje? - questiona, querendo entender a sagacidade do rapaz.

Tostão, meio sem jeito, vira para o pai e pensa um pouco, até que retoma o fôlego e dispara:

- Entendi que as pessoas sempre tem novas ideias e, apesar do medo do desemprego ser praticamente superado em cada nova era que se passa, as pessoas ainda temem ser substituídas e ficarem sem ter algo para fazer – diz Tostão, com um tom mais baixo, demonstrando respeito ao questionamento feito pelo pai.

- E, além disso, lembre-se que, não importa quão animado ou decepcionado esteja Mercado, isso não significa que ele estará certo – comenta Dinheiro.

- Mas também as pessoas devem continuar sempre estudando, não é mesmo? Pois mesmo que a tecnologia faça surgir o desemprego, as pessoas ainda podem encontrar outras funções, como programando e consertando as máquinas, as instalações onde as fábricas estarão e mantendo essas pessoas cada vez mais saudáveis, certo? - pergunta Tostão.

Dinheiro levanta a cabeça com um leve sorriso, como que satisfeito pela atenção do rapaz para as questões levantadas na conversa. Porém ainda não aprece plenamente satisfeito, e continua:

- Por que você acha que se tio se preocupa tanto com o bem-estar das pessoas, a ponto de esquecer o que ele fazia para falar dos problemas das pessoas? - pergunta, com um tom misterioso, Dinheiro.

Tostão sorri de leve, mudando imediatamente o tom da conversa. Sem hesitar, responde:

- Pois meu tio está sempre em busca de novas oportunidades! - exclama Tostão.

Gargalhadas contagiantes inundam a sala.

- Não me assusta se na próxima semana ele aparecer dizendo que abriu uma clínica! - exclama Dinheiro.

Ambos riem ainda mais. Porém após uma breve pausa, Tostão pergunta:

- Mas, finalmente, por que não criarmos uma máquina que cuide disso? - questiona, pensativo.

Boato gera boato

No outro dia, encontrei com o Sr. Boato, um morador de uma pequena cidade que moramos por certo tempo num tempo não tão distante. Boato tinha esse nome pois sempre tinha alguma novidade ou notícia urgente sobre algum acontecimento, real ou imaginário, que sentia a necessidade de espalhar para o mundo inteiro ouvir.

Suas atitudes acabavam por torná-lo famoso por grandiosas mentiras, sendo considerado uma pessoa que fala por falar, sem muitos objetivos claros. Por sua falta de timidez, acredito que alguém deveria patrociná-lo para que fizesse promoções ou vendas, apesar que não tenho certeza se isso realmente daria certo.

Vez ou outra, conseguia convencer alguma alma de que suas previsões para o futuro ou leituras do presente eram de fato, plenamente confiáveis, e não simples sinapses de uma mente altamente ativa na arte de tentar chamar a atenção das pessoas.

Não é que eu desejasse que ele fosse diferente, apenas que considerasse um pouco mais o que fala. Tenho certeza que seu dom serviria para algo, e sempre me parei pensando em quanto ficaria feliz encontrando um bom lugar para que ele estivesse.

Meu pai, o conhecido Sr. Dinheiro, certa vez participou comigo de uma história peculiar que começou com o Sr. Boato nessa pequena cidade em que moramos, que tinha pouco mais de 12 mil habitantes e muito espaço para o desenvolvimento de uma bela cidade.

Ao longe, víamos o quanto senhor Boato bradava e gesticulava, na típica mesa da praça central da cidade, onde diversos moradores se encontravam diariamente.

- Aposto que ninguém na cidade ainda acredita nele – comentou uma vendedora que vendia frutas e legumes para Dinheiro, pai de Tostão.

- Sabe, um dia ele pode estar certo – falou Tostão.

O pai do rapaz olhou meio de lado para o garoto, e completou:

- Tomara que sim – falou Dinheiro, como se não se importasse muito.

Ambos terminam a transação e seguem andando pela movimentada feira de domingo, data na qual acontecia todo tipo de evento na cidade, afinal as pessoas tinham todo seu tempo livre, exceto no horário dedicado à religião.

- Com licença – solicita Dinheiro, ao passar por dois moradores visivelmente vidrados no tema da discussão que ocorria.

- O banco vai quebrar! O banco vai falir! Retirem seu dinheiro do banco! Ele não está seguro lá!

Senhor Dinheiro parecia não acreditar, e vira-se para Tostão com um olhar divagando de um lado para o outro, observando a situação. Isso era o costume já conhecido de que tentava decidir entre seguir em frente ou ali permanecer.

- Isso não é bom. - comenta baixinho Dinheiro, mudando rapidamente de humor.

- Por que? O que há de diferente dessa vez? - pergunta, curioso, Tostão.

- Em casa conversamos. - fala Dinheiro, esperando que Tostão o siga.

Tostão parece maravilhado com as diversas formas que o senhor Boato conta suas informações. Sabendo de como seu filho é curioso, Dinheiro puxa seu filho pela mão, mas sem antes distribuir uma saudação a todos os presentes.

- Opa Boato! Já está aí, né? - fala Dinheiro, enquanto cumprimenta o conhecido.

- Opa Dinheiro! Olha só, cuidado com seu dinheiro, ein! Esse banco novo aí não sei não quanto tempo vai ficar aberto! - fala Boato.

- Eu uso outro banco, tenho uma conta digital! Mas obrigado pela dica! - diz Dinheiro, já saindo de fininho.

- Já vou! - fala Dinheiro, ao retirar-se.

O caminho que levava Tostão de volta à sua residência não podia ser mais cheio de perguntas. Tostão parecia queria saber muito o que seu pai estava pensando.

- Fala por que isso é ruim. – pontua, bastante imperativo e ansioso, Tostão.

- Vamos falar em casa, pois preciso manter a concentração na estrada. - justifica Dinheiro.

No caminho, Tostão percebe que passam pelos diversos negócios na cidade. O banco, único que até o momento operava na cidade, tinha com endereço a própria praça principal. As lojas de varejo ficavam a certa distância das lojas de produtos de marca, talvez refletindo luxo de seus produtos e a exclusividade de não ocuparem um espaço comum.

Conforme se afastavam da região central do comércio, Tostão percebia que esse caminho que tomavam era novo, e via ao seu redor algumas chácaras e pequenos comércios.

- Hoje, vou lhe trazer para conhecer algumas pessoas. - falou Dinheiro.

Tostão apenas concordou, pois sabia que isso teria importância fundamental na explicação do tal motivo que seu pai teria para não gostar da nova história que o senhor Boato difundia na praça.

- Tudo bem? - fala, alegremente, o dono do pequeno comércio.

Dinheiro vai até o rapaz para cumprimentá-lo, como se frequentasse o local de tempos em tempos.

- Esse é o senhor Tudo. Aqui que eu faço as compras do mês. - fala Dinheiro, apresentando o amigo.

Senhor Tudo era conhecido assim pois suas prateleiras estavam sempre cheias, e tudo que as pessoas procuravam eram encontradas ali na sua loja. As famosas compras do mês eram sempre mais baratas lá, pois ele oferecia descontos para quem comprava em grandes quantidades.

- Como posso ajudá-lo? - pergunta, disposto, o senhor Tudo.

- Vim fazer as compras de sempre. - responde Dinheiro.

Senhor Tudo acena com a cabeça, como que convidando ambos a entrar. Por ser um pequeno comércio, ele fala diretamente com todos os clientes, e cuida da loja com sua família, o que torna cada visita à loja uma oportunidade para conversar e saber das novidades.

Tostão acompanha seu pai enquanto ele faz as compras dos alimentos, produtos de higiene pessoal. Verifica como os produtos mais baratos são colocados nos locais de mais difícil acesso, como muito embaixo ou muito acima do que pode alcançar. Podutos de diferentes origens, certamente produzidas e transportadas de vários outros locais que não aquela relativamente pequena cidade. Há até mesmo de um pequeno cortador de unhas, convenientemente colocado ao lado do caixa.

- Olha só! Achei que fosse comprar mais coisas. - diz senhor Tudo.

Senhor Dinheiro sorri como que achasse aquilo uma grande piada, mas também como se concordasse com o posicionamento do lojista.

- Hoje, vim só para batermos um papo, e para mostrar ao meu filho algumas lições sobre bancos e a economia em geral. - fala, com entusiasmo, senhor Dinheiro.

Senhor Tudo olha por um momento, parecendo intrigado.

- Muito bem, sobre o que gostaria de saber? - fala Tudo, olhando para Tostão.

- Bem, de uma forma muito simplificada, gostaria de saber se já está aceitando o pagamento no cartão. - afirma senhor Dinheiro.

Senhor Tudo põe a mão num canto mais ao lado do caixa e, por um momento, parece procurar por algo. Após isso, se abaixa, e começa a tatear por entre os espaços não visíveis do balcão. Um pouco de barulho depois, parecia que senhor Tudo havia revirado todos os objetos do balcão, até que levanta-se e põe uma pequena máquina na frente do senhor Dinheiro.

- Ah! Está aí, agora aceitamos. - exclama senhor Tudo, demonstrando a máquina que pôs no balcão.

Senhor Dinheiro não parecia surpreso.

- Parece que não está usando muito, não é mesmo? - pergunta senhor Dinheiro.

- Realmente. Sou acostumado a receber em dinheiro. Com todos os pagamentos à vista, não preciso me preocupar em sacar dinheiro no banco, nem em ficar com meus recebimentos em frações menores. - afirma senhor Tudo.

- Mas, afinal, qual seria o problema em aceitar cartões? Não é arriscado andar com todo esse dinheiro com você? - pergunta Tostão.

- Eu não confio em bancos! Como vou saber se meu dinheiro estará lá, se não poderei ver? - questiona senhor Tudo, visivelmente alterado.

- Não acho que você deveria achar isso um absurdo. Afinal, cada banco pode lhe fornecer um extrato detalhado de cada movimentação que você faça na sua conta. Você vai poder ver todo dinheiro que entra e todo dinheiro que sai. Além disso, você tem direito a abrir uma conta gratuita nos bancos, no chamado pacote de serviços básicos, que, apesar de possuir algumas limitações, é plenamente viável para manter seu dinheiro seguro - fala senhor Dinheiro.

Senhor Tudo solta um suspiro.

- É verdade. Na realidade, só aceitei trabalhar com cartões para ter mais segurança e não precisar me preocupar tanto. Porém, tenho poucos clientes que utilizam o cartão, pois nunca utilizaram, e tem medo de ficarem endividados. - confessa senhor Tudo.

Os três se olham por um instante.

- E o que você acha da chegada do banco na cidade? Isso pode afetar seus negócios? - pergunta Tostão.

- Acredito que tem tudo para mudar para a melhor. Eu mesmo já possuía uma conta nesse banco, porém tive de abri-la na agência de outra cidade, o que me desmotivou bastante no início. - fala senhor Tudo.

- Hoje, seu cliente pode comprar no momento em que decidir, não apenas quando receber o salário do mês. - fala Tostão, lembrando de uma conversa que já teve com seu pai.

- Sim, mas não apenas isso. Agora penso em vender produtos de maior valor agregado, coisas duráveis, por exemplo. Pequenas compras tem uma margem para lucro pequena. Caso eu mude para produtos que fazem uma boa diferença no dia a dia, como uma geladeira ou uma máquina de lavar. - fala senhor Tudo.

- Eu pensei que você vendia de tudo. - comenta Tostão.

Senhor Tudo olha para seu interlocutor com um leve sorriso no rosto.

- Claro que não tenho realmente tudo! Afinal, temos que ter espaço na loja! Já imaginou esse corredor continuar sem fim? Como eu iria arrumar, contabilizar e controlar os preços de tantas mercadorias? - questiona senhor Tudo.

- Você até poderia, com um bom sistema de controle. - comenta senhor Dinheiro.

Senhor tudo inclina o rosto, como se sentisse ofendido.

- Eu não falei que seria fácil, só que poderia ser feito. - fala senhor Dinheiro.

Senhor Tudo para de falar por um momento enquanto põe as compras na sacola para entregar ao pai de Tostão.

- Mas, me conta. E quanto falta para quitar esse imóvel? - pergunta senhor Dinheiro.

Senhor Tudo levanta as sobrancelhas ao olhar para seu cliente.

- Está na metade, ainda faltam dois anos para quitar. Logo conseguirei ficar livre dessa dívida. Hoje, já estou começando a pagar menos juros e mais o principal. - responde senhor Tudo.

- Principal? - pergunta Tostão.

Senhor Dinheiro toma um papel e caneta para si e faz algumas anotações. Senhor Tudo olha, atentamente.

- Esse contrato provavelmente foi feito na tabela Price, onde as parcelas são constantes. Para isso, o empréstimo é dividido em uma série de pagamentos praticamente iguais. Nesses, somente os mais próximos do final do contrato cobrem pela parte do principal, que é a parte do empréstimo sobre a qual incorrem os juros. Por isso, quem opta por esse tipo de empréstimo, pode até pagar uma parcela menor, mas um valor final muito maior devido aos juros.

- Eu não sabia isso. - fala senhor Tudo.

- E o que poderia ser feito? - pergunta Tostão.

Senhor dinheiro começa uma nova série de rabiscos no papel.

- A princípio, uma melhor opção seria ter escolhido fazer um empréstimo no modelo de amortizações contantes. As amortizações são os pagamentos do principal sempre de forma consistente ao longo do empréstimo, o que torna o contrato mais caro no início. Como as pessoas preferem uma parcela menor para poder utilizar o dinheiro livre para outros gastos, não aceitam muito bem as parcelas maiores no início. Além disso, as parcelas podem ultrapassar o percentual ideal de comprometimento da renda que possuem, o que torna realmente inviável o empréstimo. Porém, por estar sempre pagando o principal do empréstimo, ele acaba tento um principal menor sobre o qual os juros podem acumular, tornando o empréstimo muito mais barato no final.

Senhor Tudo olha com atenção, mas parece ter algo a dizer. Porém, Tostão é mais rápido em perguntar:

- Mas o empréstimo já foi feito! E agora, o que poderia ser feito?

- Agora, querido filho... – senhor Dinheiro faz uma pausa – Agora o que pdoe ser feito é uma portabilidade. A portabilidade é como uma compra da dívida por outro banco, em troca de poder adquirir um novo cliente e fazer uma nova proposta de empréstimo, que será melhor para convencer o cliente. O que fazer agora é o senhor Tudo ir a um outro banco, e pedir uma proposta deles. Por ser um bom pagador, ele pode ter uma boa redução dos juros no contrato. - fala senhor Dinheiro.

Os olhos do senhor Tudo brilham, mas ele parece perceber que está sendo observado, e finge não estar tão satisfeito.

Senhor Dinheiro pega as suas compras e coloca seu cartão na empoeirada máquina do senhor Tudo.

- Crédito – pontua o pai de Tostão.

- Para uma vez ou duas? - pergunta o lojista.

Senhor Dinheiro vira rápido para olhar o rosto do senhor dinheiro, como se não estivesse acreditando, e pergunta:

- Sem juros?

- Sem juros. - afirma senhor Tudo, com firmeza.

- Pode colocar – pede senhor Dinheiro.

Senhor Tudo digita alguns números na tela, e aperta um botão verde. Ao virar a maquininha para o senhor Dinheiro, ele aperta alguns números e depois confirma, no mesmo botão.

- Vai querer o comprovante? - pergunta senhor Tudo.

- Não, controlo tudo pelo aplicativo. Olha, já chegou a notificação. Assim eu sei exatamente o que está sendo pago no meu cartão e posso acompanhar o saldo a qualquer momento. - afirma senhor Dinheiro, mostrando a tela do seu smartphone ao senhor Tudo, que olha o objeto, ajustando os seus óculos.

Senhor Dinheiro já estava praticamente saindo da loja, quando o senhor Tudo o chamou.

- Mas, venha cá. Você não está falando para fazer a portabilidade e ir a outro banco, não seria por que esse banco pode falir, seria? - pergunta, curioso, o senhor Tudo.

Dinheiro se vira, pois não esperava ser chamado novamente após a transação.

- Não. Vejo que esteve ouvindo Boato falando por aí. Não, na realidade os bancos são grandes instituições, que possuem diversas fontes de receitas e tem uma grande segurança nos seus depósitos. Caso, mesmo assim, o banco ocorra de falir, seu dinheiro é protegido pelo Fundo Garantidor de Créditos, que é uma instituição independente e sem fins lucrativos, que permite que seus depósitos de até duzentos e cinquenta mil reais por instituição sejam devolvidos ainda que o banco não possua esse valor. Os bancos obedecem a diversas práticas, sendo um sistema muito mais complexo do que eu poderia lhe explicar agora. Outro detalhe é que os bancos tomam empréstimos entre si, visando manter um “casamento” entre as suas necessidades de dinheiro na tesouraria e no caixa. Inclusive, ele pode acionar o nosso Banco Central, que, dentre outras diversas funções, atua com operações especiais para ajudar os bancos. - fala senhor Dinheiro, como se fizesse um discurso tranquilizador que, visivelmente, faz efeito no lojista.

- Muito obrigado pelas lições e pelo conhecimento! Até a próxima! - agradece o senhor Tudo.

Voltando para casa, Tostão e seu pai se olham, e mais uma vez ele espera começar a discutir sobre o que aprenderam naquele momento. Por educação, Tostão deixa seu pai começar.

- E então, o que aprendeu hoje? - pergunta Dinheiro.

- Aprendi que os bancos possuem diversos produtos que servem para facilitar a vida das pessoas, como o cartão de crédito e o financiamento imobiliário. - fala Tostão.

Dinheiro concorda de leve com a cabeça, mas levanta seu dedo indicador, fazendo um sinal que só poderia significar que seria bastante incisivo.

- Os dois são formas de empréstimos, e empréstimos dependem de uma qualidade básica: confiança. Por isso, os bancos só emprestam para quem realmente tem a capacidade de pagar. Afinal, tem de se responsabilizar pelos recursos que emprestam, ou podem, eles mesmos, ter de recorrer a empréstimos. - fala senhor Dinheiro.

- Mas, em relação aos boatos que foram ditos, por que eles podem ser tão perigosos para um banco? - pergunta, intrigado, Tostão.

- Todos negócios podem ir bem ou ir mal. E mesmo que estejam em boas condições ou em más condições, muito do que isso significa vem da sal reputação no mercado. Uma boa escola não é boa porque dá um ótimo lucro ao seu dono, mas pela qualidade daquilo que oferece aos alunos e à comunidade. Quando falamos em bancos, essa relação é ainda mais profunda e perigosa – fala Dinheiro.

Tostão se inclina, como se estivesse esquecido completamente do mundo a sua volta, e estava completamente ansioso pelo que seu pai tinha a dizer.

- Bancos funcionam com base em prazos e na confiança de seus clientes, afinal ele oferece um local seguro para as pessoas colocarem seu dinheiro, e não faz isso de bom grado apenas. A própria legislação de nosso país obriga que ofereçam um pacote de serviços básicos, para que todas as pessoas tenham direito a acessar o benefício de ter seu dinheiro em uma conta gratuita. Digamos que essa é a base do negócio dos bancos... – continua Dinheiro.

Tostão parece impaciente para descobrir aonde essa história iria acabar, e, por isso, interrompe:

- Mas, afinal, qual o perigo de um simples boato, já que as instituições financeiras são tão seguras?

- É justamente nisso que eu queria chegar. A confiança funciona como fonte de bons ou maus negócios para os bancos. Falamos antes que, uma das maiores funções dos bancos é a de oferecer serviços de crédito às pessoas, como um financiamento imobiliário ou um cartão de crédito, que são ambos financiados, a princípio, pelo dinheiro que o banco possui. Esse dinheiro vem não apenas do lucro das operações em que o banco cobra juros, mas até mesmo de um percentual que é pago pelos lojistas que recebem por meio de cartão, que é um meio de pagamento que torna menos lucrativa as operações para quem vende, sem nenhuma diferença para quem compra, a não ser quando falamos em pessoas que preferem pagar em um outro momento mais propício. - prossegue Dinheiro.

Tostão não se segura:

- Muito bem! Agora estou entendendo muito bem essa parte. Me conte, então, como que mesmo assim um banco poderia falir ou não.

- Bom, todas essas atividades ocorrem tanto no momento presente como também podem ter efeito somente em uma data que virá. O dinheiro precisa ser pago ao lojista, os pedidos de saque devem ser atendidos pelos clientes, empréstimos contratados junto ao banco precisam ser quitados, enfim, todas as atividades de um banco precisam se concluir em determinado prazo. Caso várias pessoas acreditem que o banco irá falir, podem querer retirar seu dinheiro de lá imediatamente, podendo fazer com que os cofres se esvaziem. Um devedor pode não querer pagar a dívida, pois um banco falido teoricamente terá menos energia para cobrar a dívida. Lojistas que não recebam seus repasses eventualmente migrarão para outra instituição, ou até mesmo podem abandonar o cartão de crédito ou débito como meio de pagamento. - conclui Dinheiro.

- Uau! Nunca imaginei quanto poder tem um boato! Se todas as pessoas soubessem o que você me ensina, com certeza ouviriam menos o Boato ou com certeza abririam um banco! - comenta Tostão.

Ambos dão uma longa gargalhada.

De onde vem?

Uma de minhas maiores referências de economia na prática vem de minha querida mãe, a Senhora Economia. Ela é conhecida assim por dois motivos que reforçam um ao outro igualmente.

Primeiramente, ela é capaz de mover todo um ecossistema para atingir um objetivo seu, seja para mudar algo na casa, seja para fazer uma nova receita, ou mesmo para adquirir algum bem novo que alguém lhe convenceu que seria interessante. Isso ocorre incessantemente, ainda que, no final, apenas tenha decidido mudar tudo da direita para esquerda, e depois mudado da esquerda para direita. Digamos que trocar seis por meia dúzia não é exatamente uma coisa rara ou impossível quando falamos das suas peripécias.

O outro ponto que justifica esse apelido é seu tato em encontrar ótimas oportunidades de pagar menos por algum produto ou serviço, ou, ao menos, conseguir alguma forma de desconto. Muitas pessoas fingem não saber, mas minha mãe sempre lembra que é possível pedir um desconto em qualquer situação.

Claro, nem sempre essa combinação dá certo, afinal ser casada com Dinheiro e ter hábitos tão bem conhecidos não tornam nenhuma de suas ações despercebidas numa pequena cidade como a nossa. Além disso, nem sempre o serviço ou produto mais barato é o melhor: se algo está mais barato do que se espera, provavelmente há algum motivo bom para isso.

Não havia melhor aventura que aprender com ela através de suas compras. Seja numa fatura de cartão de crédito, seja numa sacola de supermercado, nossas decisões sempre se revelam. A área de finanças é tão vasta que foi capaz de ter duas pessoas tão diferentes em segmentos tão diferentes como meus pais, o que me fez aprender com um pouco de cada.

Certa vez, uma grande lição que tive começou com uma simples pergunta: de onde vem?

Com a chegada de um grande empreendimento comercial à cidade, não havia como essa notícia passar despercebida por Economia, que acompanhava, entre paixão e crítica, a construção do que mais parecia um grande galpão industrial. Esse tipo de empresa era conhecido como uma rede varejista, que eu desconheço até hoje o que significa. Para mim, ainda é somente uma grande companhia que emprega diversas pessoas em funções que demandam muito trabalho.

Quando ficou tudo pronto, vi como tudo era muito grande, muito vultuoso. As pessoas entravam e faziam suas comprar levando os itens em "carrinhos", grandes cestas com rodas preparadas para levar coisas das prateleiras aos caixas, que aceitavam as mais diversas formas de pagamento, exceto o fiado e o escambo, comuns na região.

Foi no dia de abertura, com filas de funcionários ainda entrando na lateral da loja, que dona Economia resolveu visitar. Com ela, seu filho Tostão a acompanhava, sem saber o que esperar.

- O que viemos comprar? - pergunta Tostão.

Senhora Economia podia ser tudo, menos uma pessoa que vivesse no passado ou no futuro. Era no presente que tomava suas decisões, muitas vezes por impulso. Caso a conta não fechasse, faria suas decisões anteriores se solucionarem, ainda que aos trancos e barrancos. Caso o problema estivesse muito no futuro, ou fosse apenas uma expectativa, pouco considerava em fazer um planejamento detalhado. Dessa vez, não era diferente.

- Viemos só para dar uma olhada, finalmente um lugar onde realmente posso encontrar de tudo – exclama senhora Economia.

E realmente isso era verdade. Ao contrário das propagandas enganosas que os comerciantes que observamos no cotidiano, esse lugar tinha realmente de tudo. Móveis, telefones, carne, cebola, rúcula, alface, ração para animais, geladeira e até mesmo roupas eram vendidas pelas pessoas de vermelho que ali trabalhavam.

O ambiente era mais frio que lá fora, dando um maior conforto para as compras. Músicas tocavam em sequência para todos os ouvidos ficarem distraídos. Mas isso não desviava os olhares de águia da senhora Economia, e nem a curiosidade faminta de Tostão. Aliás, a curiosidade de ambos logo viria a se transformar em uma jornada de conhecimento.

Passando pela seção de Eletrodomésticos, um vendedor logo tomou atenção da dupla, se aproximando para aumentar o interesse que via na senhora Economia ao vasculhar pelas máquinas que naquelas prateleiras residiam.

- Posso te ajudar, senhora? - pergunta o vendedor.

Senhora Economia não se encabula.

- Gostaria de saber mais sobre esse telefone. - pergunta Economia, olhando um celular do mais novo modelo.

- Esse? É o nosso smartphone mais atual, que tem capacidade para quatro linhas, duas entradas para dispositivos por fio, um carregador e todas as fun~]oes que o mais moderno celular pode lhe trazer! - explica o vendedor.

Com o discurso, Tostão parece ter ficado mais interessado pelo aparelho.

- De onde vem? - pergunta.

O vendedor parece um bom conhecedor do produto e, além disso, parece também gostar de tirar todas as dúvidas dos clientes, grandes ou pequenos.

- Vem de terras distantes! Na realidade, vem de diversos lugares! - afirma o vendedor.

- Mas como? Não vem só de um lugar, a fábrica? - pergunta Tostão, curioso

- É claro que não! Ele está certo. Esse aparelho vem de muitos lugares diferentes – fala senhora Economia.

O vendedor não pede a oportunidade:

- Tudo começa com uma pessoa que busca resolver uma simples pergunta: como que eu consigo falar com uma pessoa que está tão tão distante de mim?

Senhora economia, como que fazendo um dueto com a história do venderor, continua:

- Para isso, precisaram de diversas pessoas dispostas a investigar como tornar isso possível. Pessoas bem estudadas, sentadas horas sobre seus livros e fazendo experimentos, até encontrar a forma certa que iria funcionar.

- E o que mais? - pergunta Tostão.

- Então, foi necessário encontrar outras pessoas que ajudassem a tornar isso possível. Pessoas práticas, empreendedoras e capazes de movimentar recursos, negócios e multidões para isso ser possível. - continua o vendedor.

- No interior da mais profunda mina, os mineradores buscam pela rocha perfeita, uma que tenha os materiais necessários para que uma indústria queira vir buscar. Essas rochas são coletadas, e vão de mãos em mãos por trilhos que vão de lá até a superfície, onde são analisadas e separadas para atender a diversos pedidos que chegam. É aí então que a ferrovia e seus apitos levam o material embora, para um novo destino. - conta senhora Economia.

- Tudo isso para fazer os metais que outras pessoas vão transformar nas peças que irão se transformar nesse celular. Em fábricas grandes e imponentes, as rochas são aquecidas, modeladas, dobradas, tratadas e enfim embaladas para que caminhoneiros e suas buzinas venham levar para outro destino.- fala o vendedor.

- Após isso, nos grandes depósitos as mercadorias dão entrada e são separadas para um mais distante destino. Pessoas altamente treinadas dão entrada em uma papelada para assim poder levar esses componentes para o além-mar. Com o soar dos navios, parte para um novo destino. - diz a senhora Economia.

- Quantos lugares! Estou ficando até tonto! - exclama Tostão.

- Mas não acaba por aí. Longe dali há uma impecável indústria, com incríveis máquinas cuja tecnologia é capaz de fazer milhares de movimentos com precisão, levando cada peça minúscula para o milímetro exato que precisa estar para que, por fim, esse celular funcione. Com mais algumas voltas e reviravoltas, esse aparelho vem até essas prateleiras. - completa o vendedor.

- Desculpe a pergunta, mas isso não quer dizer que quando a embalagem me informa que esse produto foi feito em determinado país, e somente naquele que consta na embalagem, isso não é bem toda a verdade? - pergunta Tostão.

- Exatamente. Para cada produto que temos, inúmeras pessoas precisaram agir para tornar todo o processo de produção, transporte, pesquisa e inovação possível. Toda nossa sociedade está interligada por responsabilidades que são compartilhadas não só entre pessoas de um mesmo país, mas de outros ao redor de todo o mundo. - comenta Economia.

O assunto parece finalizar por um instante, porém, como esperado, senhora Economia decide:

- Muito bem, eu vou levar!

O vendedor separa a mercadoria, enquanto Tostão, ansiando por maiores detalhes, não pode deixar de passá-las à pessoa responsável:

- Mas mãe, por que não fazer tudo isso em um só lugar?

- Ora Tostão, pois os lugares são muito diferentes. E cada canto tem uma vantagem especial para fazer o que faz. Cada produto tem um formato, uma forma de transporte e um custo de transporte que, de um lado, tornam menos vantajoso distribuir a produção por várias unidades independentes entre si. Por outro lado, cada lugar tem a vantagem de ter acesso a diferentes fornecedores, mercados e trabalhadores adequados à sua posição nesse vai e vem que chamamos de cadeia produtiva. - responde Economia.

- Cadeia produtiva? - indaga Tostão.

- Sim, é como se cada parte do processo fosse um elo de uma corrente, que se liga às demais para atingir um objetivo final: satisfazer a demanda de um produto final. Cada unidade respeita a regra número um do comportamento humano: realizar o menor sacrifício e obter o maior benefício. Nós estamos hoje fazendo exatamente isso como consumidores: buscamos pelo menor preço que nos ofereça melhor produto, e esse está ideal pois está na promoção. - afirma senhora Economia.

- Mas isso ainda não me explicou como que é tão vantajosa essa tal cadeia produtiva com tanta gente para ir e voltar. Não me parece o mais simples a se fazer. - questiona Tostão.

- Realmente, não é tão simples assim. Tudo que vemos ao nosso redor é resultado do tempo e decisões das pessoas tomando forma. Quando várias pessoas esperam por algo, há sempre alguém disposto a fazê-lo. Esses que realizam essas vontades são os empreendedores. - comenta Economia.

Economia sempre acreditava que o mundo era, acima de tudo, um resultado de histórias que se entrelaçavam. Porém, como não achava que toda resposta respondia sua pergunta, Tostão continua a perguntar:

- Como que isso ocorre?

Economia percebeu que esse seria uma ótima oportunidade para ensinar. Apesar de não ser sua profissão, sempre teve interesse em lecionar.

- Bom, tudo começa na mina, como falamos. Basicamente é de lá que vem a primeira parte desse processo. O minério é uma das formas de produtos que conhecemos como matéria-prima, que é a forma inicial de qualquer produto. Nessa, por sua vez, vamos chamar de commodities, que é o nome comumente dado para os produtos de menor complexidade que tem poucas diferenças entre si e pouca utilidade para consumidores como nós. - explica senhora economia.

- Menor complexidade? Eu pensei que extrair uma rocha de um lugar tão profundo seria uma tarefa bem complexa. - comenta Tostão.

- É que, nesse caso, está confundindo produto com atividade. Não impota quão complexo seja conseguir trazer esse material para um comprador, o ferro que utilizamos para fazer geladeiras, fogões e carros é praticamente o mesmo que encontraremos disponível em outras minas. Quando não há muita diferença entre os produtores, e o produto existe em abundância, é mais fácil considerarmos que o produto terá um baixo preço e será negociado nos termos mais vantajosos para o comprador, que tem várias opções a escolher. - fala Economia.

- Entendi, são negócios diferentes, feitos por empreendedores diferentes. Então quer dizer que o minerador só minera, e o demais só fazem sua parte também? - pergunta Tostão.

Economia parece confusa com a tentativa que Tostão estava fazendo de simplificar algo. Dessa vez, era ela que queria alongar a explicação:

- Nada impede que um mesmo negócio seja dono de ambas atividades. Na realidade, essa é uma questão que é resultado de três fatores básicos que se fazem presentes em qualquer ramo de atividade.

- É mesmo? Quais? - pergunta Tostão, cada vez mais intrigado.

- Primeiramente, o fator terra. A mina, por ser um depósito do minério, possui um local que é fixo, e pode ser que esteja num local tão remoto e isolado que as pessoas tenham de morar em alojamentos em cidades próximas ou criados pela própria companhia. Isso não é incomum quando falamos de matérias-primas: o petróleo no mar e suas plataformas, terrenos férteis próximos a um rio, ou árvores que só dão certo num clima específico de algumas poucas regiões. Quando falamos de negócios mais complexos, é mais vantajoso que se situem em centros urbanos, com acesso a opções de transporte que levem a importantes regiões para exportação, quando eles vão para outros países, armazenagem e/ou comercialização. Seja esse espaço alugado ou comprado, é apenas uma questão de escolhas, o importante é poder movimentar as matérias primas e produtos finais, afinal combustível e minério não passam de apenas alguns dos produtos necessários para se fazer algo novo. - ensina Economia.

- Certo, então é como se eu fosse construir um novo castelo para o Rei: é muito mais fácil fazer o castelo perto de uma cidade do que criar uma cidade ao redor de um castelo! - fala Tostão.

- Isso mesmo. Vejo que posso lhe adiantar o nosso segundo fator. Falo do fator capital, que corresponde a uma acumulação prévia que é necessária para empreender uma ideia de negócio ou projeto. Seriam as máquinas dotadas de mais elevada produtividade, para uma empresa com altíssima demanda, capazes de concluir as mais complexas atividades em sequencia. Também poderia ser um investimento mais modesto, que funcione no nível de produtividade adequado para atender a demanda e com custos no nível em que o negócio será capaz de prosperar. - discursa Economia.

- Quando você diz capital acumulado, está falando de que tipo de recurso? Dinheiro? - pergunta Tostão.

Senhora Economia deixa escapar um riso.

- Na realidade, está mais para uma acumulação de vários Tostões! Não, na realidade capital pode ter várias formas, inclusive a financeira. O capital pode ser humano, quando falamos de conhecimento acumulado, técnicas e formas de gerir, construir, executar, tratar, corrigir, e tantas outras atividades requeridas para manter a sociedade prosperando. - continua senhora Economia.

Tostão parece confuso.

- Não entendi, como seria esse tal de capital humano acumulado? Juntar várias pessoas e pedi para elas se juntarem para estudar? - pergunta Tostão.

Senhora Economia fica ainda mais motivada em explicar.

- Claro que não! Muitas comunidades possuem um conhecimento acumulado. O conhecimento não é apenas aquele que está nos livros ou nas letras de uma página online. O conhecimento de fato vem da prática, da experiência. Imagine quão hábeis na pesca são as pessoas que vivem a décadas numa comunidade de ribeirinhos. Imagine quanta desenvoltura foi formada por uma pessoa que praticou futebol durante toda a vida, se tornando um profissional na vida adulta! - exclama senhora Economia.

- Ah, agora estou entendendo melhor. Digamos que em uma região onde há grandes escolas navais, provavelmente as tem por conta de uma tradição de muitos tempos de marinheiros que montam ali suas rotas pelas águas. Em um local como esse, é muito mais fácil e produtivo montar uma empresa que lida com navegação. - deduz Tostão.

Senhora Economia se sente ainda mais orgulhosa e feliz.

- Muito bem, acho que já entendeu essa parte. Agora vamos falar do capital financeiro, que é exatamente aquilo que está pensando. Falo de pessoas que tem riquezas disponíveis para investir, seja por terem tido um outro negócio bastante lucrativo e maduro, que já "anda com as próprias pernas", ou por algum tipo de herança ou poupança que acumularam durante a vida. Há, também, como diversas pessoas se unirem com um objetivo em comum, e criarem um fundo ou empresa destinado a esse objetivo. - explica senhora Economia.

- Esse é fácil de entender. - fala Tostão.

- Pois bem, agora siga o meu raciocínio. Esse capital financeiro por si só nada faz. Essas riquezas poderiam muito bem ficar paradas em cofres, seguros para uma eventual necessidade. Mas a sociedade não pode parar, e sempre há oportunidades de criar soluções para problemas no dia a dia e gerar renda e emprego através disso. Digamos que senhor Tudo alugue um galpão para abrir uma nova unidade de seu negócio. Ele compra máquinas, prateleiras, faz entrevistas para encontrar as pessoas ideais e, por fim, abre uma nova loja que é um sucesso. Quando o dinheiro movimenta a sociedade dessa forma, dizemos que se trata de um investimento. - continua senhora Economia.

- Já entendi. Então quanto mais capital, melhor? - pergunta Tostão.

-Senhora Economia se põe a pensar por um momento.

- Na realidade, não é bem assim. Digamos que, em se tratando da escolha de comunicação na empresa, eu possa escolher entre uma rede de mensageiros, uma grande máquina que imprime e endereça cartas e um aplicativo de mensagem instantânea. Cada uma dessas escolhas possui uma combinação diferente de capital, mas somente uma faz mais sentido quando pensamos nos custos para fazer isso funcionar numa empresa. O tamanho do investimento depende, em grande parte, do tamanho da demanda que haverá para justificar o tamanho do empreendimento. - fala senhora Economia.

Um breve silêncio se passa. Aos poucos, a senhora Economia enche o carrinho de compras com produtos distintos, que Tostão nem repara.

- Mas então, qual o próximo fator? - pergunta Tostão.

- O último fator é justamente o fator trabalho. São as horas dedicadas para concluir um trabalho, a quantidade de pessoas, as equipes e as funções que, juntos, permitem desenvolver um bom trabalho. - continua senhora Economia.

- Entendo como uma fábrica possui prazos e quantidades de produtos para entregar, e assim podem se programar para concluir os trabalhos. Aqui, por exemplo, nós estamos falando de um serviço que não acaba, pois sempre tem gente entrando e saindo. Como isso funciona, então? - pergunta Tostão.

Senhora Economia gesticula como se formasse uma bola com as mãos.

- Tudo que falamos existe dessa forma pois falamos de um mundo globalizado. Cada produto que vai de um lugar ao outro até chegar a nossa casa pronto depende de uma rede global que forma a divisão do trabalho. Aqui, podemos ver isso em alguns detalhes despercebidos entre as seções do supermercado. Para que esses produtos estejam todos aqui organizados, alguém precisou retirar do transporte que o trouxe até aqui, limpar, registrar, dar um preço, organizar e repor nas prateleiras, além de acompanhar para fazer novos pedidos. São várias responsabilidades só para manter esses produtos nessas prateleiras. Essas comodidades deixam os produtos com maior raridade. Coisas raras tem mais valor, como um trevo de 4 folhas em comparação aos comuns trevos de apenas três. - explica senhora Economia.

- Então esse trabalho é dividido entre todos? Cada um faz um pouco? - pergunta Tostão.

- Sim e não. Cada empresa faz suas escolhas, como havíamos falado sobre o capital. Aqui, por exemplo, temos uma grande rede de supermercados,que funcionam como uma grande empresa que tem aqui mais uma de suas unidades. Muitas dessas responsabilidades são centralizadas. Há o pessoal operacional, que faz a descarga dos caminhões e a organização do depósito, que fica no fundo da loja. Há quem trabalha na limpeza, nos caixas, na segurança e há, ainda, os líderes desses grupos que cuidam das atividades mais rotineiras e práticas do negócio. Em um negócio mais modesto, pessoas podem acumular essas funções. - continua a senhora Economia.

- Mas então qual seria a vantagem de ter diversas equipes com diversos líderes? Não seria mais fácil ter apenas uma pessoa experiente comandando tudo? - pergunta Tostão.

- Isso acumularia muitas responsabilidades, e poderia fazer com que, entre uma atividade e outra, essa pessoa cometesse uma falha ou não conseguisse responder às urgências com a devida agilidade. Além disso, teria pouco tempo para desenvolver e aplicar melhorias no negócio. - explica senhora Economia.

- Então quer dizer que não existe apenas quem comanda e quem obedece? - pergunta Tostão.

Senhora Economia parece gostar da pergunta, e disfarça o sorriso.

- Não seja bobo. Para uma empresa funcionar bem no mundo agitado em que estamos, é muito melhor ter pessoas especialistas em partes do negócio muito bem e nada mais, ao invés de generalista que tudo fazem, mas não fazem nada bem. - continua a senhora Economia.

Um desses termos parece ter chamado mais a atenção de Tostão.

- Especialistas? - pergunta Tostão.

- Sim, temos especialistas que atuam no planejamento, especialistas que trabalham no planejamento da produção, na melhoria de processos, no sistemas de informação, na eletricidade, na direção, e até na seleção das pessoas que vão ocupar esses cargos. - completa a senhora Economia.

- Então quem está mais próximo do dia a dia, dando mais atenção a determinada parte do negócio tem melhor desempenho ao liderar, planejar, controlar e corrigir as necessidades que surgem no dia a dia? - pergunta Tostão.

- Isso mesmo. Há quem planeja, quem executa, quem analisa, quem lidera, quem vende e nós, que compramos. Apesar de não sermos funcionários, fazemos parte de todo esse processo, pois damos à empresa boas informações do que gostamos, de como gostamos de pagar, de sermos tratado e assim por diante. - completa a senhora Economia.

Tostão parece discordar.

- Mas isso não ocorre aqui, não é? Pois aqui só temos essa opção de supermercado. Todas essas coisas que você está levando para casa só encontramos por aqui. - comenta Tostão.

Mais uma vez, senhora Economia esconde um riso de satisfação.

- Mais ou menos, mais ou menos. Mas já que tocou no assunto de concorrência, vamos falar mais um pouco sobre os produtos que estão à nossa volta. - fala senhora economia.

- Tem mais? - pergunta Tostão.

- Sim! Esquecemos de falar sobre como a concorrência e o tipo de produto afetam o preço que pagamos. Lembra de quando falamos do minério? - pergunta senhora Economia.

- Sim, você falou que era uma commodity ou algo assim. - fala Tostão.

- É mais do que eu falei. Por ser um produto simples, como falamos antes, é uma matéria-prima ou produto básico, que não tem quase nenhuma utilidade para nós, consumidores. - fala senhora economia.

- Mas se falamos em uma maçã ou uma laranja, elas já não são um produto que tem grande utilidade para nós? - pergunta Tostão.

- Nesse caso, como na grande maioria dos casos, são produtos que tem diversas utilidades. Esses, por exemplo, são produtos que tem utilidade direta para nós. Outros, como a madeira, tem diversos usos alternativos, inclusive para que artesãos e artesãs façam bonitas peças que as máquinas ainda não são capazes de copiar, ou pelo menos copiar a criatividade que eles possuem. - explica a senhora Economia.

- Falando em madeira, penso agora numa questão. De todos os nossos produtos, temos só aqueles que são matérias-primas e aqueles que são os produtos que utilizamos de fato? - pergunta Tostão.

- Há uma outra parte que não tratamos no detalhe. Falo dos produtos intermediários, que são aqueles que já passaram por algum processo de transformação que modifique aquilo que antes era mera matéria-prima para um produto de melhor utilização num projeto ou produto que depende desses materiais. São exemplos desse grupo o cimento, que é uma mistura de argila e calcário, que utilizamos nas construções. Outro exemplo é o aço, que é feito de ferro e outros minerais, servindo para fazer vigas utilizadas na construção, por exemplo. - fala senhora Economia.

- Deixe eu adivinhar, você está pensando em reformar a casa novamente? - pergunta Tostão.

Senhora Economia não responde, e Tostão sorri já sabendo que a resposta confirmaria sua suspeita.

- Perceba que os produtos intermediários existem em menor quantidade, pois precisam de pessoas empreendedoras e unidades de produção que contem com todo um apoio e planejamento financeiro para desenvolver suas atividades. Assim, são produtos mais raros, com maior utilidade e, portanto, de maior valor. - continua senhora Economia.

- Afinal, todos esses fatores precisam ser remunerados, enquanto esse custo é repassado no preço dos produtos. - fala Tostão.

- Isso mesmo! - fala senhora Economia, surpresa com a conclusão de seu filho.

Despercebidamente, ambos adentravam a seção de produtos exclusivos para a jardinagem. Ambos se distraem olhando a variedade de tudo que havia em estoque. Em meio a toda aquela loja, há algo em particular que chama a atenção de Tostão.

- E o adubo? - pergunta Tostão.

Senhora Economia de vira, sem entender muito bem.

- O que tem? - pergunta senhora Economia.

- Que tipo de produto que ele é? - pergunta Tostão.

Senhora Economia reage à pergunta como se uma lâmpada tivesse aparecido acima de sua cabeça.

- Muito boa pergunta! Todos eles! - Afirma a senhora Economia.

Tostão põe a mão no queixo.

- Todos eles? - pergunta Tostão.

- Sim. Ele pode ter diversos destinos. Veja: o adubo natural, aquele encontrado de forma comum na natureza, pode servir para uma outra pessoa plantar a horta que irá vender no mercado municipal de sua cidade. Assim, ele é matéria-prima para um produto final. Entendeu? - pergunta a senhora Economia.

- Sim, estou entendendo. - afirma Tostão.

- Então vamos seguir. O adubo "industrial", que é aquele que passa por toda uma transformação, pode servir como um produto intermediário. Ele, então, serve para que outros grandes negócios do universo da agricultura o utilizem para produzir cebolas, alfaces e tomates, que podem virar outros produtos industriais, inclusive, como esse ketchup. - explica a senhora Economia.

Tostão parece ainda curioso. Insatisfeito, pergunta:

- Não entendi, por que precisaríamos mandar adubo para uma indústria, deixá-lo mais caro, para depois vender de volta ao agronegócio, que muitas vezes está logo ali ao lado de onde o adubo saiu? - pergunta Tostão.

- Por onde você andou pesquisando sobre isso? Nem sempre é o caso. Uma indústria pode distribuir para uma região muito maior que aquele negócio, por conta da procura desse produto. Lembre-se que uma indústria só existe se existir uma procura suficiente pelos seus produtos para que ele possa se basear para planejar a produção. Além disso, adubo não é simplesmente adubo. O adubo de uma região depende de vários fatores como o clima do local, a vegetação, os animais, a preservação do local e também leva tempo para valer ser vendido. Ainda assim, ele não pode estar ideal para um negócio especializado o querer, pois é a composição do adubo que importa, mais do que o adubo em si. Numa fábrica, essa proporção dos ingredientes que vem no adubo pode ser bem controlada, além de poder ser certificada através de testes de qualidade e de outras inspeções, como a sanitária. - explica senhora Economia.

- Um trabalho mais profissional, não é? Existe uma razão para que esse seja mais caro do que aquele ali. - explica Tostão, prestando atenção no que sua mãe põe no carrinho cada vez mais cheio e diversificado.

Ambos fazem uma pausa, até que Tostão quebra o silêncio:

- Mas enfim, e o que teria mais para eu aprender? - pergunta Tostão.

- Muita coisa, mas não se preocupe. Acredito que esteja perguntando do porquê um adubo poderia ser considerado um produto final. Produto final é todo produto que as famílias comprar no "final" desse processo de transformações e pagamentos entre vários negócios isolados. É o caso do adubo industrial que compramos para usar no jardim de casa, por exemplo. Como esse produto não é muito caro, pessoas comuns podem comprá-lo também. Assim, as funções do adubo são diversas, e cada uma tem sua importância e seu preço. - afirma a senhora Economia.

Tostão presta cada vez mais atenção ao carrinho de supermercado.

- Mas isso ainda não me explica uma coisa. - fala Tostão.

- Pode perguntar, Tostão. Eu te explicarei. - fala, confortante, a senhora Economia.

- Precisamos mesmo de tudo isso? - pergunta Tostão.

Acho que não precisaria nem dizer, mas essa pergunta de Tostão está até hoje sem resposta

Sociedade e as fontes de renda

Meu irmão mais velho sempre foi uma pessoa notável. Desde cedo, seus exageros e conquistas atraíram muita atenção, seja pelo tamanho do seu fracasso, seja pelo sucesso, apesar da tarefa ser, em teoria, quase impossível. Tudo isso o tornou bastante maduro, experiente e comedido. Há até quem diga que uma pessoa com bastante equilíbrio pessoal.

O que quero dizer com isso é que ele é um empreendedor, uma pessoa que se provou arriscando a pela para colocar suas ideias em ação. Ao contrário de Tostão, que muito estudava e recebia lições de outras pessoas, era um rapaz mais voltado para a prática do que para a teoria, ver para crer. Tostão tinha muitas perguntas que não se transformavam em soluções. No caso de seu irmão, é o inverso que ocorre: muitas vezes ele tem uma solução antes que as pessoas venham lhe perguntar sobre.

Seu apelido deveria ser Risco, pois realmente os perigos de fracassar realmente o levaram algumas vezes ao fracasso. Porém, esse fracasso se devia muito mais a não haver ninguém, nem na família, nem na escola e nem na cidade com o conhecimento, o interesse e a didática para o ensinar tantos assuntos tão diferentes e complexos para se tornar um empreendedor, ou ao menos um investidor. Por isso, dependia desses fracassos, pois os fracassos o levavam a ter mais experiência. Uma realidade que se repetia entre tantos outros empreendedores, jovens ou de qualquer idade na cidade.

Todavia, o apelido que realmente "pegou" nele foi um pouco menos negativo. Como todas as pessoas que alcançam o sucesso, ele conseguiu um apelido que enaltece justamente essa imagem. Hoje, até mesmo eu não consigo chamar ele de outra forma que não Sociedade.

Mas por que chamá-lo dessa forma? A que se deve esse apelido? Respondo: Sociedade não apenas é dono de alguns negócios, como também é sócio de vários outros. Caso você não saiba o que é uma sociedade ou quais as vantagens de ser dono e/ou sócio de um negócio, você e eu temos algo em comum. Pelo menos, era como eu me via antes de parar para conversar com ele numa viagem que tivemos num feriado qualquer. Tão pouco era minha atenção ao feriado, que não me recordo qual foi, mas as lições que aprendi e as consequências desse dia permanecem até hoje.

- Tostão, você já pensou em abrir uma empresa? - pergunta Sociedade.

Tostão parece um pouco relutante em responder.

- Mas, eu já estou no tempo certo para abrir uma empresa? - pergunta Tostão.

- Não quis dizer que está na hora de abrir uma empresa. Queria sim que você me dissesse se já está pensando em alguma área que vai trabalhar ou empreender, algum tipo de planejamento de logo prazo. - fala Sociedade.

Tostão para um pouco para pensar, mas não responde de imediato.

- Acho que ainda preciso aprender um pouco mais. - diz Tostão.

- Curiosidade é seu ponto forte. Sempre é hora de aprender algo novo. Porém, você só irá realmente aprender quando começar a utilizar o seu conhecimento para algo como abrir um negócio. O que eu aprendi até hoje dependeu muito menos das perguntas que eu fazia, e mais da ambição de querer atingir algo maior. Quem sabe? Você poderia ser até um grande inventor! - comenta Sociedade.

Tostão não parece interessado num convite tão direto para se aventurar no mundo do empreendedorismo. Vendo isso, Sociedade toma a frente:

- Todo negócio começa partindo da ideia de oferecer uma solução para um problema. Veja, ali tem uma lanchonete. O que uma lanchonete básica faz? Oferece alimentação para pessoas fora de casa. - destaca Sociedade.

- Mas nem sempre é assim. Muitas vezes as lanchonetes oferecem alimentos para serem entregues para pessoas que estão dentro de casa. - fala tostão, após pensar um pouco.

- Muito bem observado. Você já tocou num ponto chamado inovação. Inovação é um elemento indispensável para tornar um negócio sustentável no longo prazo ou, no melhor dos casos, crescer muito acima dos demais. - fala Sociedade.

- É mesmo? Então deixa eu ver se entendi. Preciso de uma solução para um problema e, além dele, algo de inovação que vai tornar meu negócio um sucesso, certo? - pergunta Tostão.

- Isso. Vamos olhar um pouco mais para o outro lado da rua. Nesse, encontramos justamente, veja só, uma academia! - evidencia Sociedade.

- Mas, por que isso seria algo de destaque? O imóvel na frente da lanchonete sempre foi razoavelmente grande, e poucos se interessavam em alugar. - comenta Tostão.

- Com a academia na frente, a lanchonete ganha um apelo maior. Imagine que as pessoas acabam de gastar bastante energia, comeram pela última vez em torno de 1 hora antes da malhação e, logo após, são atingidos em cheio pelo cheiro convidativo da comida na chapa. - fala Sociedade.

- Realmente. E isso também ajuda na baixa necessidade de investimento na frente de loja. As pessoas que estão suadas tem uma chance muito menor de querer sentar. Muitos vão querer levar para casa, ou pedir para depois vir buscar. Ou, ainda, podem lembrar depois e pedir de casa. Isso abre espaço para que invistam mais na cozinha e no cardápio, o que vai reforçar ainda mais os pontos fortes da empresa. - fala Tostão.

Sociedade olha, assustado.

- Puxa, não imaginei que você estava aprendendo tanto! Ou a sua curiosidade tem sido realmente muito grande, ou as pessoas que estão lhe ensinando são as corretas para você fazer suas perguntas. - comenta Sociedade.

- É um pouco dos dois. - fala Tostão.

- Bom, você também comentou sobre o investimento, e isso também é importante ao pensar em um modelo de negócio. A academia requer um grande investimento inicial para comprar as máquinas, pagar os salários, o aluguel, ter uma reserva para emergências, tudo isso. Não dá para começar uma academia tendo apenas uma recepção e um tapete de ginástica, é preciso colocar mais capital para fazer todo o investimento em conjunto. - explica Sociedade.

- Então o dono precisa ter todo esse dinheiro sobrando para começar? - pergunta Tostão.

- Nem sempre! Existe uma forma que de levantar capital que se encaixa perfeitamente com o modelo de negócio de uma academia ou, pelo menos, deixa esse modelo ainda mais previsível. Estou falando do financiamento.: os sócios (ou mesmo o dono desse negócio) fazem um empréstimo no banco, que vai ser pago mês a mês, o mesmo prazo das mensalidades dos clientes da academia! Assim, ele precisa se preocupar com um número de frequentadores que seja suficiente para cobrir as despesas, além do pagamento dos juros e principal da dívida. - ensina Sociedade.

- Mas isso não deixa o negócio mais caro para os sócios? Por que eles mesmos não juntam o dinheiro necessário? - pergunta tostão.

- Pelo contrário! Isso faz com que o retorno do dinheiro deles seja ainda maior! Nem sempre as pessoas vão ter todo esse dinheiro nas suas contas do banco, e também precisam de uma segurança para caso o negócio não dê certo. Um empréstimo pessoal para pagar suas contas é muito mais caro que um para começar um negócio. Por exemplo, você já viu quanto pagaria de juros no cartão de crédito? No final, a participação dos sócios seria mais ou menos a mesma que aquele cenário em que eles próprios usassem seu dinheiro para fundar a empresa, e assim, dividirem os lucros. - fala Sociedade.

- Entendi. Então essas são as duas alternativas para abrir um negócio? - pergunta Tostão.

- Seria um crime eu te dizer que só existem essas duas formas. Na realidade, estamos num mundo em que são justamente as novas formas que estão mudando a economia global. Porém, elas não tem nada de novas, apenas não eram tão disseminadas quanto hoje. - comenta Sociedade.

Ambos ficam em silêncio por um momento.

- Fale mais! - exclama Tostão.

- Ah, quantas oportunidades temos hoje em dia. Até me perco nos pensamentos! Sim, há um grande mundo chamado mercado financeiro. Hoje não apenas as empresas de sucesso podem ter uma boa quantidade de sócios. Na realidade, tudo isso ficou ainda mais simples, ao ponto de pessoas como eu e você podermos nos tornar sócios de negócios concretos ou mesmo de projetos de empresas que tem um futuro ainda incerto. Falo, é claro, da bolsa de valores. Na bolsa de valores, as empresas que passarem por um processo de abertura de capital, que na prática significa permitir a entrada de quaisquer sócios que queiram investir ou comprar uma participação de uma empresa, podendo então ser negociada livremente e eletronicamente. Como num passe de mágica, você pode dar alguns cliques no seu celular e se tornar sócio de uma dessas grandes empresas que você vê nos jornais. - explica Sociedade.

- Uau, sério? E eu vou ter as mesmas responsabilidades que um sócio? Vou ter de ir lá trabalhar, ver a equipe trabalhando, e tudo mais? - pergunta Tostão.

- Não. Nesse mercado, e chamo mercado por ser um aglomerado em que as pessoas podem negociar valores, as pessoas se tornam sócios com responsabilidade limitada. Em resumo, você praticamente só participa dos resultados da empresa e tem direito a votar sobre alguns aspectos e decisões de interesse da companhia. Parece algo bastante simples hoje, mas existem diversas regras tão rígidas quanto se espera no padrão do mercado financeiro, servindo para proteger esse tipo de sócio. Dessa forma, posso entrar e sair de sociedades quando eu bem desejar, desde que eu concorde com os valores da negociação. - explica Sociedade.

- Mas, afinal, por que as empresas vão querer que completos desconhecidos participem de seu negócio? Os sócios não são uma parte importante do negócio? - pergunta Tostão.

- Claro que sim! Quando pensamos em habilidades mais variadas, conexões profissionais, iniciativa e muitos outros fatores, sócios são essenciais para permitir um negócio andar com as próprias pernas depois de certo esforço. Mas os sócios que podem entrar e sair da sociedade ao sabor de suas emoções e palpites não são esse tipo de sócio. Muitos sequer sabem o dia a dia da empresa, e talvez, para a maioria, isso não influencie tanto na decisão, pois existem quem se importe apenas como resultado. É claro que existe sim uma razão para podermos fazer parte da distribuição dos resultados de uma empresa, e essa é, como sempre, a oportunidade. Quando todas as alternativas são empréstimos caros, ou sócios que você não gostaria de ter à mesa, a empresa pode propor uma expansão do negócio e financiar esse projeto oferecendo partes da empresa para investidores interessados. Outro motivo que faz as empresas abrirem seu capital é para permitir que seus sócios vendam toda ou parte de sua fatia do negócio, algo que eu posso também explicar de outra forma com uma de minhas histórias. - fala Sociedade.

- Ah, é? Conte pra mim. - fala Tostão.

- Um de meus sonhos sempre foi ganhar renda com imóveis. Quando sai de casa, paguei o que pude de uma casa e financiei o resto. Com o tempo, o valor da casa aumentou, devido à região ser mais procurada e, também, devido ao desenvolvimento da região, algo que eu nem fui percebendo acontecer. Posso até ter contribuído. Quando os negócios vão bem, mais pessoas são contratadas, e as notícias se espalham. Logo, percebi que não precisava de tanto espaço assim. Mas também não queria abrir mão de minha amada propriedade. - fala Sociedade, tomando uma pausa.

- E então, o que você fez? - pergunta Tostão, pedindo para continuar.

- É que eu lembrei de outra coisa, mas deixe-me continuar. Resolvi investir um pouco mais e dividir a propriedade. O que eu gastaria na reforma tinha pouca relação com o valor de meu imóvel, e isso permitiria que, em meu projeto, eu me planejasse para recuperar esse investimento com os aluguéis que eu receberia no longo prazo. Como as casas na região deixaram de ser comuns, dando lugar aos prédios, resolvi imitar um pouco. Fiz duas pequenas residências: uma em cada andar. Após isso, as aluguei e resolvi meu sonho. Isso é um pouco da essência do empreendedorismo. Você sacrifica algo para trazer para a realidade um sonho, uma oportunidade de gerar renda, e então a mantém. - explica Sociedade.

- E então, foi isso que revolucionou o mundo? A oportunidade das pessoas comuns participarem de grandes empresas? - pergunta Tostão.

- Na verdade, não revolucionou, pelo menos não hoje. Quando falamos daquela Companhia das Índias Orientais, aquela que você deve ter aprendido nas aulas de história, isso possibilitou fundar um negócio que literalmente desbravou os mares no mundo inteiro, e isso ocorreu de uma forma bem menos organizada que hoje. - explica Sociedade.

- Mas você me prometeu que ia falar algo que revolucionou o mundo, eu esperava uma explicação um pouco maior. Até gosto da ideia de poder participar de grandes empresas, mas o que isso muda no nosso mundo? - lamenta Tostão.

- Mas é claro que vou falar, só estava demonstrando um pouco de cada coisa antes. Mas vamos para a nata da nata do nosso mundo globalizado atual. Pessoas como eu e você podemos gostar de uma empresa, um investimento em particular e decidirmos mobilizar esses recursos, mas isso dependerá de nossa capacidade de escolher bons investimentos, ou ficaremos todos a mercê das consequências. Porém, como havia dito, há diversas regras que servem para nos proteger. Dentre elas, temos a regulamentação da profissão de gestor de fundos, o que os torna capazes de fazer essa atividade complexa de gerir recursos de outras pessoas. Fundos são, em si, empresas que servem única e exclusivamente para gerir recursos de pessoas, muitas pessoas e muitos recursos, fazendo um trabalho profissional, diferente do que poucos de nós temos a capacidade de fazer. - explica Sociedade.

- Então quer dizer que eu devo escolher um fundo que o gestor vai garantir um desempenho melhor que o meu? Você vai me recomendar algum? - pergunta Tostão.

- Nem pensar! Não existe garantia nenhuma de rentabilidade! Também não posso lhe recomendar nenhum. Somente um outro tipo de profissional regulamentado pode fazer isso: o analista de investimentos. A diferença dos fundos no mundo em que vivemos é justamente a capacidade de levantar negócios que dificilmente encontrariam outras opções de captação de recursos. Isso pode ocorrer por diversos motivos: ser um investimento de muito longo prazo, ser um modelo de negócio que pouquíssimas pessoas conseguem compreender ou mesmo ser uma inovação que prejudicaria os negócios de outras empresas, que tentariam com unhas e dentes atrapalhar esse novo concorrente. Quando os fundos nos ajudam a introduzir inovações e pressionar a concorrência, a sociedade ganha como um todo, seja pelos preços mais em conta dos serviços, seja pelo emprego de mais pessoas para oferecer soluções para vencer a concorrência. - explica Sociedade.

- Mas se tudo isso que você me disse não me garante rentabilidade, por que eu deveria investir? - pergunta Tostão.

- Quando criamos um negócio, não temos certeza de quanto será nosso lucro. Quando fazemos um anúncio para se desfazer de algo que está parado na garagem, não sabemos por quanto vamos vender. Quando participamos de uma sociedade, não sabemos quanto vamos ganhar. Ainda que, de alguma forma, alguém nos garanta uma remuneração garantida, como é o caso de um emprego estável no governo, não sabemos o dia de amanhã, os preços das coisas no supermercado amanhã, e nem se o governo vai estar financeiramente bem para nos pagar em dia. Sabemos, no entanto, que sem a existência dos fundos muitas empresas em algum momento dominariam o mercado, podendo manipular o mercado à sua própria vontade: colocando preços altos, pressionando políticos para preservar seus interesses e, até mesmo, ficar impune por práticas abusivas. A beleza de entendermos as oportunidades nesse mundo tão incerto é que, se acertarmos, podemos ser bem recompensados por isso. - explica Sociedade.

- Estou entendendo, mas como então vou saber se uma oportunidade vale ou não a pena meu tempo? - pergunta Tostão.

- Basicamente, existem duas fontes de renda principais nas nossas vidas: por um lado, a renda ativa, que é, em resumo, aquela que temos de agir, nos esforçar para ter. Pelo outro, a renda passiva, que é aquela que recebemos independentemente de fazermos algo ou não. - afirma Sociedade.

- É só isso? Sempre achei que fosse tudo tão complicado. - fala Tostão.

- Complicado é entender tantas leis, tantas línguas, tantos sistemas diferentes, na nossa vida cada vez mais informatizada, cheia de regras e conexões entre diferentes povos. Via de regra, gerar renda ativa é algo que dificilmente vamos deixar de fazer, exceto quando nos aposentamos. Apesar de minhas condições, ainda não consigo parar de trabalhar. Para falar a verdade, eu gosto muito de sentir que estou contribuindo. - declara Sociedade.

- Parece que foi isso que te levou até onde está. - comenta Tostão.

- Exatamente. Quando você assume os riscos e trabalha por algum objetivo, sua renda tende a ser muito maior do que você tentar algum tipo de renda que independe do que você faça. Aliás, trabalhar é um pré-requisito para que um dia você se aposente. Você pode reservar uma parte de tudo que ganha para investir numa forma de acumular renda que vai te ajudar a se aposentar melhor, mais rápido, ou mesmo não precisar se aposentar.- explica Sociedade.

- Mas, então, por que nem todas as pessoas simplesmente não começam desde cedo a investir em algo que vai gerar renda passiva ao longo da vida? - pergunta Tostão.

- Muitos simplesmente desconhecem que podem fazer isso. Além disso, muitas pessoas simplesmente não querem abrir mão de aproveitar o presente, gastando todo o dinheiro que recebem. A renda passiva é um objetivo que, para a maioria das pessoas, está muito longe do desempenho que ela deseja ter, e as pessoas simplesmente ignoram. Quando descobrem essa oportunidade, já estão mais velhos e sábios, mas infelizmente buscam repor o tempo perdido tentando se arriscar ao máximo para tentar ganhar muito dinheiro muito rápido, o que não é o ideal. Não temos controle sobre o nosso negócio, sobre os preços e nem sobre o país, mas precisamos ao menos ter um plano para nosso futuro. - explica Sociedade.

- Bom, o dia só tem 24 horas para todos. Quanto mais cedo eu começar a economizar e a me preparar para o futuro, tenho mais chances de chegar lá. - fala Tostão.

- Cada pessoa terá sua preferência. E não falo apenas em quão grande é seu objetivo ou em qual velocidade quer atingir esse objetivo. Quando você investe, é como se seu dinheiro se transformasse em galinhas: cada moeda que você poupa estará, com o tempo, se multiplicando. Por isso, muitas pessoas passam a valorizar ainda mais o que ganham, buscando economizar sempre mais para poder investir. Afinal, quando você aprende que aquilo que você tem em mãos pode se multiplicar, passa a pensar duas vezes antes de trocar por outras coisas. - fala Sociedade.

- Você acha que eu teria uma outra opção? - pergunta Tostão.

- Ora, claro! Você sabe muitas coisas. Pense comigo, o que você gosta, que pode fazer para solucionar um problema e acima de tudo que outras pessoas estarão dispostas a pagar por isso? - pergunta Sociedade.

- Eu não sei. - fala Tostão.

- Não sabe? Todo mundo tem capacidade para várias coisas. Você sabe de muitas coisas que a maioria das pessoas não sabem. Isso não te dá algumas ideias? - pergunta Sociedade.

- Por ser muito curioso, sempre aprendo muito fazendo perguntas. Hoje, acho que entendo muito sobre economia. - fala Tostão.

- E como você traduz isso para uma solução? - pergunta Sociedade.

- Eu acho que são poucas pessoas que entendem sobre esse assunto, mas todo mundo tem algum tipo de interesse sobre esses assuntos. - fala Tostão.

- E então, alguma ideia? - pergunta Sociedade.

- Até tenho, mas como vou fazer? Não tenho experiência nessa área, e também ainda não me vejo ao ponto de ensinar – fala Tostão.

- Sobre como você vai começar a sua experiência, deixarei em aberto. Todo bom empreendedor começou um dia como uma pessoa com domínio em alguma habilidade, área, ou técnica, e descobriu que podia ser muito melhor remunerado trabalhando para si mesmo. eu estou tentando te mostrar que você não precisa passar muito tempo para também perceber isso. Você é bem esperto e saberá o que fazer. Ao contrário do que pensa, acho que possa estudar um pouco mais, e ser um profissional certificado em alguma área desse grande mercado financeiro. Com isso, terá autoridade e respaldo para poder ensinar. Você tem cara de professor - fala Sociedade.

- Quais certificações? - pergunta Tostão.

- Existem várias. Para cada uma, um objetivo. Existem as certificações para atuar como correspondente bancário. Correspondente bancário é, basicamente, aquele que pode oferecer alguns serviços típicos de um banco. Se me recordo bem, devem existir três principais, todas igualmente aceitas: ANEPS, Febraban e Assban/DF - fala Sociedade.

- Parece interessante - fala Tostão.

- Outra certificação que você pode pensar são as voltadas para atuar dentro dos bancos: CPA-10, CPA-20 e CEA, a princípio. Essas são mais voltadas para aquela pessoa que tem interesse em ser um especialista em produtos bancários e, principalmente, nos produtos de investimento. É a que eu tenho mais interesse, mas apenas pela curiosidade - fala Sociedade.

- Eu posso ser um especialista em investimentos? Eu pensei que só poderia ser visto dessa forma com experiência - fala Tostão.

- Na realidade, não precisa. Um advogado, por exemplo, é uma pessoa especialista nas leis e, para atuar, faz um exame conhecido como OAB. No mercado financeiro, você não precisa ser de alguma área específica: basta ser aprovado - fala Sociedade.

- Então deve ser bem difícil. Quem for fazer, melhor estudar! - fala Tostão.

- Existem outras mais complexas que essas, mas acho de bom tamanho. Apesar de toda influência que tive desse mundo, por conta de nossos pais, acabei por desenvolver outras atividades - fala Sociedade.

Tostão parou para pensar em tudo que estava aprendendo, até que perguntou:

- Bom, se existe essa exigência para atuar, posso ficar mais tranquilo pois as pessoas que atuam nesse mercado tão importante, que lida com o dinheiro e o futuro das pessoas, estará em mãos boas. Por isso, é melhor sempre verificar. Porém, você acha que uma dessas escolas irá me contratar só por causa disso?

Sociedade olha um pouco de lado, levantando a sobrancelha por um momento.

- Não precisará das escolas. Podemos reimaginar uma escola como uma loja de cursos. Hoje, você consegue criar uma loja de cursos online, praticamente sem nenhum investimento. Dividindo isso em tarefas que você vai precisar fazer, precisará cuidar da produção de conteúdo, cuidar da imagem da sua iniciativa, se atualizar e promover as vendas. Isso é o básico para começar – fala Sociedade.

- Isso nem começou, e já parece muita coisa – fala Tostão.

- Na realidade, empreender nunca é algo tranquilo. Quem empreende trabalha muito mais que uma pessoa que tem seu horário definido de trabalho. Pense comigo:

se você precisa produzir conteúdo, provavelmente será você que fará isso. A imagem da empresa, principalmente nas redes sociais, é interessante contratar serviços para tratar essa parte. E, para promover as vendas, tenho uma outra ideia. - fala Sociedade.

- Ainda bem, porque são tantas coisas para fazer que eu poderia contar com sua ajuda – fala Tostão.

- Existe uma alternativa para você vender online sem se preocupar muito em fazer as abordagens aos seus clientes. No entanto, você vai lidar com um público ainda mais excitante: os afiliados. Afiliados são um tipo diferente de vendedor. Não que eu entenda muito disso, mas já é um bom começo para você – fala Sociedade.

Tostão para um pouco para pensar.

- Sabe de uma coisa? Eu confio em você. Acho que o melhor de tudo foi ter você me esclarecendo esse caminho hoje. Acredito que me ensinou bastante e espero que, assim como você, consiga andar por aí com tantas fontes de renda. Sei que vai dar trabalho, mas vale a pena tentar – fala Tostão.

- Acho que ainda temos muito o que conversar sobre isso. Tenha curiosidade para seguir seus próprios passos. Quanto mais cedo começar, mais poderá me superar no futuro. Poder começar com conhecimento vai ser uma vantagem que eu não tive, e você está bem encaminhado. Não se preocupe se errar. Precisando, pode contar comigo – fala Sociedade.

- Quem sabe um dia podemos ser sócios? - pergunta Tostão.

Ambos gargalham, felizes.

E foi assim que eu aprendi o pouco que precisava para tornar minha jornada um pouco mais preparada. Apesar não ter começado de imediato, tomei decisões que me levaram a uma vida mais rica. Lanço o convite: quando você começar a planejar seu futuro, você chegará à conclusão de que seria melhor ter começado ontem.

Senhor Tostão

Após certo tempo na minha jornada de conhecimento no mercado financeiro, mal pude parar para notar que já estava mais envelhecido. Não velho ao ponto de me aposentar, mas velho ao ponto de alguém já poder me chamar de senhor, ainda que estivesse apenas no começo de minha vida.

Com muitos sonhos ainda na mala, vivia a vida normalmente progredindo como podia. Nas poucas oportunidades disponíveis na cidade que morei, consegui seguir com meu plano de aprendiz, ganhando experiência e acumulando os poucos trocados que conseguia em um plano para o futuro.

Do trabalho ia para a aula, da aula ia para casa, de casa ia para meus sonhos, cada vez mais próximos da realidade. Ainda assim, a vida era estressante, mas ainda me acho bastante sortudo. Afinal, vou reclamar do que? Podia ser bem pior.

Nessas indas e vindas acabei por conhecer pessoas que me desafiavam e me completavam. Eis que a vida profissional chega e ganho novos amigos em cada oportunidade que surge nas reuniões, encontro com amigos, e assim por diante, enquanto a minha jornada segue.

- Me explica novamente, o que é que você faz? - pergunta um de meus colegas.

- Estou me profissionalizando na atividade de correspondente bancário. Isso quer dizer que atuo oferecendo produtos como o crédito, a abertura de contas e a renegociação de empréstimos, dentre outras coisas – fala Tostão.

- É mesmo? Nossa, acho isso tão errado. Essas empresas se aproveitam dessas pessoas que precisam tanto de dinheiro, com juros caros, deixando as pessoas dependentes! Para mim, isso não é bom. Essas pessoas são vítimas – fala meu colega, enquanto repenso sobre o valor de nossa amizade.

- Eu sei que você está falando isso só para brincar com o fato de que você pensa em crescer num setor diferente do meu. Poucas são as pessoas que entendem realmente o que fazemos, e menos ainda são as pessoas que entendem que oportunidade é trabalhar com isso! As pessoas chegam todos os dias com dúvidas e dívidas, que ajudamos a tratar. Sou a opção certa para ajudar elas a encontrar as opções ideais para ela tomar um empréstimo consciente e responsável. Aliás, é proibido ultrapassar o limite de 30% da renda que ela tem para pagar os compromissos tomados. Isso é essencial para manter a vida delas e de suas famílias equilibradas – fala Tostão.

- Viu? Ele sempre faz isso – fala meu colega, se dirigindo aos demais alunos esperando a aula começar.

- Mas você não é um banco. Você depende do resultado dessas vendas. Você não ganha salário, certo? - pergunta outro colega de sala.

- Na realidade, recebo salário pois ainda sou muito novo no ramo, ainda não esto pronto para abrir meu negócio. Trabalho de forma regular, mais regular que certas pessoas que criam "vagas de emprego" para atrair pessoas para atuarem como informais, sem salário – fala Tostão, fazendos aspas com as mãos.

- Meu negócio vai muito bem, obrigado – responde o colega, ofendido.

O professor entra na sala de aula, parecendo bastante inspirado. Joga sua mochila pesada na cadeira e nem senta. O computador praticamente já escorrega de suas mãos aberto, sobre o birô. Em poucos momentos, a aula simplesmente já havia começado.

- Alunos! Hoje teremos uma discussão bem interessante em nossa aula. Falaremos sobre patrimônio. Esse é, talvez, um dos assuntos mais almejados por vocês, que estão aqui estudando hoje. Pelo menos deveria ser – fala o professor.

- Senhor Alternativo, vai valer nota? - pergunta um dos alunos do fundo.

Substitui o nome do professor por Alternativo, pois ninguém realmente o chamava assim. Mas é claro que estou mentindo: ninguém o chamava assim pela frente. Ele não era alternativo por conta de gostos musicais, ideias políticas, religião ou qualquer outra coisa. Apelidamos o professor de Alternativo por conta dos seus métodos únicos de ensino, usando humor, acidez e uma inegável sinceridade que fazia com que muitas de suas aulas fossem cheias de momentos marcantes. Sem dúvida, era a aula em que não tinha como não prestar atenção. Até quem não queria nada com sua matéria aprendia bastante coisa ali.

- Vai valer muito mais que isso, meu querido! Vai valer conhecimento para a vida! - exclama, pomposamente, o senhor Alternativo.

- Mas o que há de tão especial para aprender sobre patrimônio? Não são apenas números? - pergunta outro aluno.

- Adoro quando vocês interagem. Começamos bem. Não, esse assunto que falaremos hoje nos diz muito mais do que apenas números. Falem para mim: quem aqui quer ou já quis ser um milionário? Não vale responder as pessoas que fingem que ganham pouco para tentar não pagar imposto – fala senhor Alternativo.

As pessoas mal conseguiam responder, pois se olhavam, riam e se animavam. Todos exceto Tostão.

- Mas professor, o que significa ser milionário? Você é milionário? - pergunta Tostão.

- Isso é o que vocês vão me ajudar a responder. Vamos lá. Quem pode me dizer o que é ser milionário e como saber se eu sou ou não? - pergunta senhor Alternativo.

- Essa é muito fácil. Milionário é aquele que tem um milhão na sua conta – fala um dos alunos que fica encostado na parede da lateral do lado da porta da sala.

- Muito bem, agora outro – convida senhor Alternativo.

- Milionário é aquele que pode pagar tudo que deve, e ainda assim continuar com mais de um milhão na conta – fala outro aluno, na segunda fila da sala.

- Faz sentido. Mais uma pessoa – incentiva senhor Alternativo.

- Milionário é aquela pessoa cujo patrimônio pode ser avaliado em mais de um milhão, líquido – fala Tostão.

- Hum. Que resposta inteligente, senhor Tostão. Você pode completar o raciocínio? Como posso medir esse tal de patrimônio? - pergunta o senhor Alternativo.

- Outro dia estava conversando com um amigo, e apareceu uma daquelas propagandas no celular, de um desses gurus que dizem ser milionários e prometem te ensinar a ser milionário. Curioso, pesquisei mais sobre a pessoa, e fiquei surpreso que ela realmente podia ser considerada uma milionária. Ao contrário do que eu imaginava, não é só dinheiro que entra para essa conta – fala Tostão.

- E se não é dinheiro, então o que é? - pergunta um aluno sentado próximo.

- Dinheiro não é a única forma de medir valor. Assim como existem várias fontes de renda que todos nós podemos ter, iniciativas como negócios, participações em empresas, propriedades intelectuais e muitas outras coisas também podem contribuir para avaliar o patrimônio de uma pessoa – fala Tostão.

- Tostão, acho melhor eu falar porque você já está quase dando a aula por mim. Seu raciocínio está mais do que certo, mas vejo que a maioria de seus colegas ainda não entendeu. Correndo o risco de contradizer o que eu acabei de falar, você poderia continuar com a explicação? - fala senhor Alternativo, aproveitando para saborear seu café.

- Digamos que eu tenho uma empresa, e essa empresa tem muitos anos e um lucro sustentável. Digamos que alguém venha e me faça uma oferta para comprar parte de minha empresa, qual deveria ser meu ponto de partida? Bem, eu mesmo vou completar. A participação da empresa deve ser vendida por algum tipo de avaliação que leve em conta uma estimativa dos lucros futuros que a empresa pode oferecer. O valor da empresa é consequência da renda que ela gera – fala Tostão.

- Esse é o ponto de partida do modelo de fluxo de caixa descontado. Conheço muitas pessoas que tomaram ótimas decisões assim. Conheço ainda mais pessoas que tomaram péssimas decisões assim. Isso porque a grande maioria das empresas não tem seus resultados divulgados publicamente. Apenas as empresas que já estão na bolsa de valores tem esse tipo de exigência, por ser algo de interesse não apenas para seus sócios, mas uma obrigação determinada em lei. Empresas que não tem esse tipo de dados acessíveis, como as empresas familiares, por exemplo, podem tomar proveito disso e vender gato por lebre. Esses tipos de negócio muito possivelmente não passaram por nenhuma espécie de auditoria e, se você não exigir, é mais do que certo que não será feito. O dono do negócio conhece mais do negócio que você, então tome cuidado com esse tipo de negociação – explica senhor Alternativo.

- Um caso diferente, porém bem parecido, é o caso dos direitos autorais. Digamos que um livro meu, oua té mesmo minha imagem seja negociada para imprimir livros ou fazer propaganda. Vou um pouco além: digamos que eu tenha um perfil numa rede social, e use ela para vender produtos para meus seguidores e fãs. Isso também pode ser avaliado como algo e valor. Sim, poso interpretar isso como patrimônio também, como no caso anterior – fala Tostão.

- A depender do que esteja fazendo, isso pode ser uma renda ativa ou uma renda passiva. Um livro, por exemplo, será comercializado por qualquer editora que escolha para lhe promover. Você pode aumentar esse potencial fazendo mais coisas que mantém ou aumentam o seu público – fala senhor Alternativo.

- Existe até uma terceira alternativa. Você pode simplesmente herdar tudo isso pronto. Porém, sabemos que isso não é exatamente algo que possamos planejar para o futuro. Como sabemos, a riqueza vem da capacidade de gerar valor. A renda gerada aumenta o valor de um negócio. É um ciclo, que funciona para a valorização ou a desvalorização de um negócio. Caso algum bom empreendedor queira aposentar-se mais cedo, pode vender a participação de seu negócio e viver desse patrimônio – explica Tostão.

- Quando você fala assim parece até uma coisa bastante simples. Não se preocupe, podemos complicar. Está falando muito de negócios, direitos autorais, ideias, essas coisas que todo mundo deveria entender pelo menos um pouco. Porém acho que devemos falar sobre algo mais comum, como os projetos públicos. As pessoas gostam de falar sobre política: falam nos corredores, falam nas praças, falam nas suas casas. Eu acho que podemos apimentar a aula falando um pouco sobre isso. Explique para mim, como o projeto de política econômica pode também afetar o valor? - pergunta senhor Alternativo.

- A política econômica é a direção que o país é alinhado, tendo consequências para o presente e o futuro da sociedade. De uma forma bem simples, até porque entendi seu raciocínio, podemos falar sobre a taxa de juros. A taxa de juros é o preço que se paga pelo dinheiro. O governo afeta os juros praticados na economia emitindo títulos de dívida, que servem para financiar os projetos e a dívida pública. Essa taxa é, então, interpretada como risco mínimo para a rentabilização do dinheiro. As pessoas que tem recursos disponíveis podem abrir mão de utilizá-los tendo em vista uma valorização futura, o que impacta diretamente o valor dos negócios – explica Tostão.

- Vou precisar de um exemplo prático, para que eu não durma na explicação – solicita o professor Alternativo.

- Vejamos como exemplo esse pomposo café que saboreia. Digamos que você tem uma escolha: tomar um café hoje, ou aguardar uma semana para tomar dois cafés, baseado na minha promessa, sem correr risco algum. Assim funcionam os juros para quem tem recursos disponíveis e, com eles, o poder da decisão: se eu posso garantir que vou ganhar sem esforço esperando certo tempo, por que eu deveria me arriscar para tentar algo maior, que tem maior chance de poder não se concretizar? - pergunta Tostão.

- Mas você disse que o valor de um negócio tem origem na capacidade de geração de lucros, não foi isso? - pergunta Alternativo.

- Exatamente. Nenhum dos dois se excluem, mas se completam. Com juros mais altos, o financiamento das operações da empresa podem ficar mais caros, reduzindo o que sobraria de lucro. Além disso, como citado anteriormente, esse juros aplicado pode servir para escolher entre o valor que vem dos lucros futuros, após investir recursos e correr riscos, e o valor de simplesmente aguardar – fala Tostão.

Alternativo balança um pouco a cabeça e faz um pequeno riso com o canto dos lábios.

- É muito tempo para esperar por um café a mais. Com meu trabalho investido, conseguiria mais do que isso – fala Alternativo.

- E se fossem dez garrafas de café? - pergunta Tostão.

- Assim já está parecendo que quer me ver passar mal – fala Alternativo.

- Ter o café e tomar o café são duas escolhas diferentes. Tudo que temos de valor é sempre relativo, varia de acordo com as escolhas que podemos fazer – fala Tostão.

Uma pequena observação deve ser feita aqui. Esqueci de falar sobre a curiosa história do senhor Alternativo. Certamente, a história dele (assim como a de qualquer pessoa) é reflexo das escolhas que tomou. Circulam os rumores que chegou a fazer certo tempo um mestrado numa grande cidade, distante daqui. Desistiu muito antes de completar os estudos, pois a escola na qual trabalhou durante tanto tempo não exigia dele. Parece ter algo a ver com o fato de que não tinha incentivos: seu salário não iria mudar por conta disso, e também não queria ficar tão longe do lugar que gostava de morar.

Você deve estar se perguntando: o que há de tão especial aqui para ele preferir essa terra nossa, abrindo mão de um salário maior noutro lugar? Na realidade, ninguém sabe ao certo a razão, mas há um sabor diferente na comida daqui, um ar diferente que circula, uma chuva que espera você estar protegido para molhar o chão. Pelo menos é o que dizem. A tranquilidade do interior, a chance de poder comer a batata que você viu crescer no terreno do vizinho, a praça principal, os mesmos amigos são coisas que tem o seu valor para cada um de nós. Para ele, essas serventias eram também uma espécie de riqueza.

A história não acaba por aí. A aula transcorreu normalmente, sem maiores interrupções. Exceto por essa:

- Tostão – fala Alternativo.

- Opa – fala Tostão.

- Agora que estamos no final da aula, quero que fique um pouco. Quero falar com você – fala Alternativo.

- Pode falar, professor – fala Tostão.

- Você parece saber muito sobre economia e mercado. Parece que respira e vive para isso. Por essa razão, quero te convidar a participar de um projeto nosso. Para fins acadêmicos, é claro – fala Alternativo.

Tostão, não acostumado a ser convidado para nada, hesitou em falar. Porém, pergunta:

- Interessante. Um projeto de pesquisa? O que preciso fazer?

- Não veja isso apenas como um projeto de pesquisa. Quase tudo nessa vida é decidido pensando no longo prazo. Tudo que preciso é que se inscreva no site da seleção e tenho certeza que terá uma oportunidade para avançar para a próxima etapa – fala Alternativo.

Sem questionar e parar para pensar, Tostão concorda:

- Vou sim!

Ambos se despediram e foram para seu próximo destino. Um para a sala dos professores, o outro para a lanchonete mais próxima.

- Tostão! - ecoa uma voz.

Tostão olha por cima do próprio ombro, buscando quem o chama. São dois colegas de sala.

- Muito legal o quanto você sabe, e estamos ainda no início do curso – fala um deles.

- É, sempre gostei muito desses tipos de assunto. E também leio muito, sou curioso por diversos assuntos – fala Tostão.

- Parece que ainda não possui um negócio próprio, estou certo? - pergunta o segundo.

- Ainda não, mas penso em diversas coisas. Desculpa, mas poderia saber como vocês se chamam? – pergunta Tostão.

- Pode me chamar de Empresa – fala o primeiro.

- Pode me chamar de Júnior – fala o segundo.

- Nomes bastante curiosos – comenta Tostão.

Nenhum dos dois responde o comentário. Ao invés disso, convidam:

- Pensamos em atuar na empresa de consultoria dos alunos de nosso curso. É uma ótima oportunidade de aplicarmos os conhecimentos e estar em sintonia com o mercado – fala Empresa.

- E pensamos que você poderia entrar também. Nenhum de nós tem tanto domínio assim. Pensamos em atuar de uma forma mais voltada para o comercial. Por que você não vem participar de uma reunião agora conosco? - pergunta Júnior.

- Uau! Vou agora! - exclama Tostão.

É incrível como o conhecimento abre portas na nossa vida. Com bons contatos e boas escolhas, o conhecimento rapidamente te conecta ao mundo. A distância entre onde você está e o seu eu cidadão global é bem menor do que imagina: todos já nascemos conectados, mas só vamos descobrindo isso ao longo da vida. Pensava nisso enquanto percorria os corredores e escadas em direção ao meu destino.

- Esse é o professor Chance – apresenta Júnior.

- Tudo bem? - pergunta Chance, estendendo a mão.

Tostão, apesar de aventureiro e curioso, também é tímido. Apenas estende a mão, acena com a cabeça e mantém o silêncio.

- Esse é o nosso colega de sala, Tostão – fala Empresa.

Chance parece não querer perder tempo.

- Muito bem. Vamos ao que viemos falar hoje. Vocês tiveram um caso de uma galeria para avaliar uma foma de melhorar o desempenho do negócio. Acredito que tenham tido ideias, e quero que as exponham, antes de encaminharmos o relatório parcial – fala Chance.

- Primeiramente, pensamos em alterar o modelo de negócio. As salas são muito grandes para as lojas, e o valor por metro quadrado do aluguel, muito baixo. O proprietário deveria investir em uma reforma que reduzisse o tamanho das lojas. Afinal, a questão principal das lojas é a localização, não o tamanho – fala Júnior.

- Justo. Reduzir o tamanho das lojas, com um investimento inicial que irá se pagando com a maior quantidade de inquilinos que pagam um preço semelhante de aluguel. Temos de avaliar que estamos falando de uma região com vocação comercial abundante, com poucas opções. Porém, vocês tem em mente que o dono não tem boas condições financeiras, e também parece não se organizar devidamente, o que é demonstrado pela falta de manutenção do imóvel e a falta de dinheiro na conta da empresa. Nesse caso, um empréstimo barato não seria aprovado, levando o negócio a uma espiral de endividamento. Isso se conseguissem convencer o empresário, o que eu acho difícil – fala Chance, com serenidade.

Ambos colegas se olham e tomam notas. Em seguida, Empresa fala:

- Também pensamos em redesenhar o quadro de pessoal. Não vemos muitas razões para contratar seguranças e recepção diretamente: isso cria diversas demandas e responsabilidades que custam tempo e custos a mais para o negócio. Isso poderia ser feito por contratações terceirizadas, que oferecem um serviço especializado com anos de experiência e que pode ser adaptado de acordo com as necessidades atuais.

- Interessante. Porém sabemos o quanto um negócio pode perder ao não cuidarmos das pessoas que cuidam dele todos os dias. Trocar toda a equipe é jogar fora todo o talento e experiência que havia na empresa. Os resultados podem ser devastadores, e nem sei se poderíamos prever o que poderia ocorrer após isso. Não estou dizendo que é uma má ideia, isso pode ser testado aos poucos, mantendo alguém mais experiente para coordenar cada área – complementa Chance.

Tostão olha para os documentos e anotações sobre a mesa, como se estivesse prestando atenção em algo muito específico, que estava sendo pensado e repensado na sua cabeça.

- Eu acho que poderíamos oferecer descontos para lojas que trazem maior movimento, como serviços de alimentação ou marcas famosas, por exemplo. Algo como não repassar reajustes no valor do aluguel por determinado tempo. O fluxo de pessoas é essencial para a valorização do lugar, o que poderíamos incluir para uma renegociação de valores dos aluguéis das demais lojas. As lojas não precisariam ser mudadas, pois poderíamos olhar o movimento de cada loja e decidir quais queremos ou não manter alugado pelo lojista atual. Além disso, podemos sugerir que ofereça um espaço para divulgação no espaço externo da loja, como essa área que fica de frente para o estacionamento: é um baixo investimento que teria um rápido retorno – fala Tostão.

- Isso seria uma alteração na proposta de valor do negócio. Mudar aquilo que ele oferece aos clientes. Não digo os clientes das lojas, mas sim os clientes da Galeria, que são os lojistas. Selecionar quais os clientes que você deseja ter? É uma estratégia ousada, mas que, em teoria, pode dar muito certo – concorda Chance.

- Então, temos mais detalhes para incluir no relatório – fala Júnior.

- Façam. Nos vemos na próxima reunião - fala Chance.

Os alunos se retiram da sala de reunião. Alguns passos depois, Empresa se vira para falar com Tostão:

- Foi um bom começo.

- Foi mesmo. Te vemos na próxima – fala Júnior.

O tempo passou com um ritmo diferente naquele dia. Não apenas pelos acontecimentos, mas pela ansiedade de fazer a inscrição na seleção que o professor indicou. A ansiedade era justificada: precisava demonstrar conhecimento, e sabia que precisaria de coragem para apresentar suas ideias para os recrutadores, não importa o quão seletivos seriam. Mesmo assim, se inscreveu.

O dia não tardou a chegar: faltava apenas uma semana. No mover do ponteiros do relógio, o momento logo chegou.

De um lado da banca, uma figura conhecida.

- Olá, senhor Tostão – fala Chance.
Do outro lado, uma voz.
- Vamos começar? - pergunta Alternativo.

Agradecimentos

Agradeço a todos os professores do Brasil, a todos profissionais do mercado financeiro e a todas as pessoas que buscam transformar para a melhor a vida em sociedade. Espero que a cada dia, faça escolhas que tragam ventos a seu favor. Um destino de sucesso não ocorre por acidente.

Sobre o autor

Professor, artesão, escritor e curioso. Desde criança, sempre teve o sonho de ensinar, escrever livros e também cuidar de animais. Embora nunca tenha me tornado veterinário, sempre me mantive curioso para tantos outros assuntos que acabei por mudar meu objetivo. Dentre outras coisas, atuei desde a adolescência na produção de adereços e artes feitas a mão. Fui artesão expositor na Feira de Artesanato e Comidas Típicas (SEMICT/2016), no segmento artesanato. Selecionado no Edital "Janela para as Artes" (Funcaju/2020), no segmento Literatura, com a obra "Consciência de João". Hoje, atuo com educação financeira por meio de aulas presenciais e online, além de redes sociais ao vivo ou por meio de vídeos gravados e editados. Fui organizador de eventos pela Fundação Estudar, bem como Mentor de equipes de voluntários na mesma instituição, para os eventos e equipes do "Liderança na Prática". Brasileiro nascido em Sergipe, com experiência até o momento de 3 anos de ensino na área financeira, apaixonado por arte, literatura, fotografia e audiovisual (não dispenso um momento para rever os clássicos). Formado em Ciências Econômicas pela Universidade Federal de Sergipe, MBA em Finanças Corporativas, Auditoria e Controladoria, pós-graduado em Gestão Estratégica de Pessoas e Psicologia Organizacional. Acreditado nas certificações do mercado financeiro: ANEPS Completo, CPA-20, PQO - BackOffice B3, ASSBAN - DF Agronegócio e Formação de Multiplicadores do programa "Eu e Meu Dinheiro" da Escola Nacional de Administração Pública (ENAP).

www.ingramcontent.com/pod-product-compliance
Lightning Source LLC
LaVergne TN
LVHW052055160826
845678LV00015B/3246

* 9 7 8 6 5 0 0 2 0 1 7 8 9 *